宜昌博物馆馆藏金属文物保护修复报告

宜 昌 博 物 馆
北 京 鉴 衡 文 物 修 复 中 心 编著

文物出版社

图书在版编目（CIP）数据

宜昌博物馆馆藏金属文物保护修复报告 / 宜昌博物馆, 北京鉴衡文物修复中心编著；董清丽, 向光华主编. -- 北京：文物出版社, 2021.10

ISBN 978-7-5010-7137-1

Ⅰ. ①宜… Ⅱ. ①宜… ②北… ③董… ④向… Ⅲ. ①博物馆－金属－文物保护－研究报告－宜昌②博物馆－金属－文物修整－研究报告－宜昌 Ⅳ. ① K872.633 ② G264.3

中国版本图书馆 CIP 数据核字 (2021) 第 117132 号

宜昌博物馆馆藏金属文物保护修复报告

编　　著：宜昌博物馆　北京鉴衡文物修复中心
主　　编：董清丽　向光华

责任编辑：李　睿
责任印制：陈　杰

出版发行：文物出版社
地　　址：北京市东直门内北小街 2 号楼
网　　址：http://www.wenwu.com
经　　销：新华书店
印　　刷：北京雅昌艺术印刷有限公司
开　　本：889mm×1194mm　1/16
印　　张：15
版　　次：2021 年 10 月第 1 版
印　　次：2021 年 10 月第 1 次印刷
书　　号：ISBN 978-7-5010-7137-1
定　　价：320.00 元

《宜昌博物馆馆藏金属文物保护修复报告》
编辑委员会

目 录

前　言

宜昌地处川鄂咽喉，区位特殊，历史悠久，文化底蕴深厚。商周时期，巴、楚文化在此发展壮大、交流互通，继新石器时代城背溪文化、大溪文化、屈家岭文化之后，又达到一个新的文化发展高峰，创造了丰富的文化遗产。两汉以降，楚、巴文化融合归一，继续给后世留下了多姿多彩、独具特色的文化遗存和遗物。

20 世纪七十年代以来，宜昌地区文物工作办公室（后改称宜昌地区文物工作队、宜昌地区博物馆，1992 年宜昌地市合并改称宜昌博物馆）、宜昌市文物处先后组织和参与发掘了一批周代至秦汉时期的重要墓地（墓葬）与遗址，出土了大批有代表性的包括青铜器、铁器、金银器、锡器等金属文物在内的各类珍贵文物。

1973 年至 1979 年，宜昌地区文物工作队配合农田水利建设工程，在当阳河溶镇对赵家湖楚墓群进行了系统的考古发掘，共发掘各等级楚墓 297 座，出土铜器 1064 件 / 套、陶器 1230 件 / 套、锡器 4 件 / 套、铁器 3 件 / 套、玉石、料及水晶器等 103 件 / 套、竹木漆器 68 件 / 套。这批楚墓时代上自西周晚期，下迄战国晚期，为楚文化腹地这一时段的楚墓研究提供了详尽的分期序列，在楚文化的考古与研究领域具有里程碑式的意义。1992 年宜昌地区博物馆与北京大学考古系合作编写了专题报告《当阳赵家湖楚墓》。

20 世纪七八十年代，湖北省博物馆、长办库区红花套考古工作站、宜昌地区博物馆及宜昌市文物处等单位对葛洲坝水利枢纽工程抢救性发掘项目宜昌前、后坪墓群的一百余座墓葬进行了多次考古发掘，出土了大批铜器、铁器、陶器等各类文物。这批墓葬的时代为战国、两汉时期，其文化面貌清晰，序列较为完整，为峡江地区同时期文化的考古与研究提供了重要实物资料。所刊四篇简报分期为同时期标尺性依据，被相关研究者广泛引用。

1994 年 2 月，宜昌点军区（原宜昌县土城乡）村民王士海、王作群父子在农田内发现 12 件青铜器和 1200 余枚秦至三国初年青铜钱币，捐献给宜昌博物馆收藏。我馆随即派员前往现场进行了调查清理，确认此地为一处古代青铜器窖藏坑。这批青铜器时代涵盖了商代至两汉、三国时期，器类有铜钺、釜、盘、洗、錞于、钱币等。该窖藏出土文物器型较大，数量较多，时代跨度大，在鄂西地区颇为罕见。

此外，当阳赵巷楚墓、岱家山战国秦汉墓、枝江姚家港及高山庙楚墓、秭归卜庄河墓群等也是周代至秦汉较为重要的考古发现。

上述这些重要考古发现，为宜昌博物馆丰富馆藏、展示陈列奠定了基础，其出土文物成为馆藏珍贵文物的主要来源，特别是这些考古发现出土的青铜器数量较多，类别齐全，楚、汉文化特色显著，具有较高的历史、艺术、科学价值。

　　1993 年，宜昌博物馆基本陈列《三峡·宜昌文物展》对外正式开放，该展览对宜昌地区各时代历史文化进行了系统展示，上述考古发掘出土的文物构成了该展览商周至秦汉部分的展品主体。

　　2010 年始，宜昌博物馆着手对馆藏文物进行全面的起底式清理，对原来库房中未上账的文物进行全面的整理上架。2013 年，第一次全国可移动文物普查正式启动，宜昌博物馆以此为契机，对馆藏文物进行了更系统全面的整理与登记建档，许多常年深藏库房角落的文物重新得到重视。在两次清理过程中，我们遴选出 340 件／套具有较高价值、同时存在不同程度病害的金属文物（其中铜器 333 件／套，铁器 5 件／套，锡器 2 件／套），按照金属文物保护修复流程分两次聘请具有专业资质的机构（中国国家博物馆文物科技保护中心、北京鉴衡文物修复中心等）编制保护修复方案，经上报湖北省文物局报请国家文物局评审通过，拨付珍贵文物保护专项经费对两批金属文物进行保护修复。

　　保护修复实施依据《中华人民共和国文物保护法》"保护为主、抢救第一、合理利用、加强管理"的文物工作方针，遵循不改变文物原状、最小干预、可再处理和可逆、科学性和安全性、不以唯美至上、预防性保护原则，结合编制保护修复方案调研所获文物的保存现况、具体病害等基本情况开展工作。所有的工作程序、处理方法均达到延续文物的真实信息和历史、艺术、科学价值，确保文物安全以及增强文物的抗锈蚀能力，并以不影响今后再次保护修复为前提的目的。

　　保护修复过程采用传统的修复方法，工艺流程严谨、修复材料安全可靠，成功地保护了这两批金属文物，为宜昌博物馆新馆布展提供了展品数量和质量上的保障。2019 年，宜昌博物馆新馆开馆，这两批金属文物以其重新焕发的历史风韵在《巴楚夷陵》《千载峡州》展厅与广大观众见面，成为展示宜昌区域历史文化的生动材料。

　　本报告为这两批金属文物的专项修复报告，共分为八个部分：第一部分，对宜昌博物馆、馆藏金属文物、项目概况、文物价值等相关内容进行概述；第二部分，介绍馆藏金属文物病害调查与研究，对文物保存环境、金属文物保存环境现状、青铜文物分析检测进行详述；第三部分，介绍保护修复技术路线和原则；第四部分，介绍青铜器保护修复；第五部分，介绍铁器保护修复；第六部分，介绍锡器保护修复；第七部分，介绍本项目的结项验收工作；第八部分，介绍保护修复成果；附录部分对文物保护修复档案、文物保护修复前后对比照片进行了选录。因编者水平有限，报告中难免有诸多不当之处，敬请读者批评指正。

第一章

概述

第一节　宜昌博物馆概况

　　宜昌博物馆是公益一类事业单位，负责宜昌全市城区地面文物保护，地下文物调查勘探、考古发掘，博物馆收藏、保护、研究、展示、教育等工作。前身是1980年4月成立的宜昌地区博物馆。1992年宜昌地市合，更名为宜昌博物馆。

　　宜昌博物馆新馆位于宜昌市伍家岗区，南临柏临河湿地公园，西至求索路，东面隔求索广场与城市规划展览馆相望。2013年立项，2019年9月6日正式对外开放。项目总投资7.36亿元，其中土建项目4.04亿元、展陈及安防项目3.32亿元。项目用地49.5亩，主体建筑面积43001㎡，展陈面积12988㎡。共10个展陈板块，33个单元，共展出各类展品5000余件/套。集中展示了宜昌的人文历史、民俗风情、自然生态、地质环境等内容，对于传承弘扬本地文化、提升宜昌文化软实力、展示社会服务功能、高质量发挥国家公共文化服务示范区引领作用、夯实宜昌文化旅游事业等方面发挥显著作用。2020年12月，宜昌博物馆在全国博物馆定级评估中被评为国家一级博物馆（图1-1）。

　　宜昌博物馆现有各类藏品58711件/套（文物类藏品40476件/套），其中，一级文物84件/套（实际数量142件）、二级文物112件/套（实际数量154件）、三级文物1427件/套（实际数量2259件）。藏品规模与质量在湖北省内地市级博物馆中位居前列。

图1-1　宜昌博物馆正面照片

第二节　馆藏金属文物概况

一、馆藏金属文物概况

宜昌博物馆现有馆藏金属文物 3200 余件 / 套，时代上自商周，下至明清。绝大部分为考古发掘出土，出土地包括当阳赵家湖楚墓群、何家山墓群、岱家山墓群、长坂坡墓群、慈化第一电厂墓地；枝江姚家港墓群、高山庙墓群、肖家山墓群、万福垴遗址；秭归卜庄河遗址；宜昌城区前坪墓群、西坝墓群、星火路墓群、樵湖岭墓群；点军区（原宜昌县）土城窖藏等。这些文物出土地点明晰，通过地层学和类型学的综合研究，断代准确，是研究当地当时历史面貌的珍贵实物资料。以礼器、乐器、生活用器、车马器、兵器为主。器类有鼎、敦、壶、簋、钫、簠、甬钟、錞于、勺、盘、鍪、蒜头壶、釜、车軎、马衔、金属饰片、剑、矛、戈等。

金属文物常年埋藏地下，受土壤、地下水中所含酸、碱等物质的侵蚀；且由于出土前棺椁大多腐烂，墓坑塌陷，胎体较薄及盗扰等原因，造成出土时多有变形、残缺、锈蚀、通体矿化、表面硬结物、层状剥离、穿孔等病害。入藏后，基本未做过系统的保护修复技术处理，绝大部分均简单使用自来水清洗，加之原存放的库房条件简陋，无恒温恒湿设备，密集摆放在自然状态下的库房内，致使这批金属文物原有病害加重，部分青铜器出现有害锈，铁器锈蚀严重，锡器严重锡疫化。如不及时保护修复，便达不到陈列展览的要求，年久失修文物终将泯灭。为及时保护文物和丰富新馆陈列内容，宜昌博物馆从馆藏金属文物中挑选部分文物拟用于新馆布展。经向上级行政主管部门请示后，挑选出深藏库房，因残缺等各种原因无法与观众见面的 340 件 / 套金属文物，按照金属文物保护修护流程申报并获批后进行保护修复。文物具体信息见表 1-1。

二、馆藏珍贵金属文物简介

1. 楚季宝钟——首次出土刻有"楚季"铭文的西周时期公室重器

"楚季宝钟"于 2012 年在白洋工业园厢涵道施工建设时被发现，当时共计有 11 件甬钟、1 件铜鼎，但仅"楚季宝钟"上刻有铭文："楚季宝钟乎孙迺献于公公其万年受氒福"。释读为：作钟的人为"楚季"，后来由楚季之孙献于其公，让公受万年福。从钟的特征看，时代约在周厉王时期（公元前 842—公元前 860 年左右）。李学勤先生根据《国语·郑语》记载，认为钟文"楚季"就是楚熊徇（公元前 821 年—公元前 800 年在位）。这件甬钟是我国第一次发现的西周时期刻有"楚季"铭文的楚国宝钟，是早期楚文化考古工作的历史性突破，文物价值、学术价值不可估量。

2. 金属饰片——全国范围内出土数量较多、造型精美

现馆藏金属饰片主要集中出土于当阳曹家岗 M5 与赵巷 M12，共计 665 件；类型丰富，多见龙、虎、鸟、蟹、象等动物形象，上附金、锡箔薄如纸，表面纹饰精美，具有极高的艺术价值。同时，它的制作方式为研究先秦金属锻造、黏合、修补、裁切等工艺提供了新的研究材料，科学价值极高。根据现有研究，初步推测此类器物用途有棺饰、车马饰、皮甲饰三种可能。这批金属饰片的出土不仅为楚墓相关葬俗研究增添了新的标本资料，同时也为进一步判断这类文物的性质、用途与发展演变历程提供了较为全面、系统、丰富、翔实的素材，具有极高的历史研究价值。

3. 秦王卑命钟——春秋时期秦楚关系的重要历史见证

秦王卑命钟出土于当阳季家湖楚城北部的一号台基。钟身饰蟠虺纹、云雷纹和绚纹，并刻有铭文"秦王卑命竞埔王之定救秦戎"。释读铭文大意为：秦国与敌军打仗，眼看战事对秦军十分危急，便向楚王请求派兵相救，以解战势之危。是当时秦楚关系的真实写照。

4. 蟠虺纹铜鼎、镂空蟠龙纹铜盏——楚国早期冶铸工艺水平的代表作

当阳市河溶镇金家山 M9 出土，食器，均为一级文物。鼎铸有圆盘抓手、兽蹄足，盖、腹饰细密的蟠虺纹，是立国重器，更是区别等级身份的礼器，在铸造方法上采用了复合范铸法，主附件结合上采用浑铸法、分铸铸接等铸造工艺；盏的抓手铸有九条相互缠绕的蟠龙共衔一环，形态活跃，栩栩如生，器体采用合范法铸造，除运用分铸、铸接外，腹部疤痕是采用焊接技术的直接体现，玲珑剔透的龙形抓手更能看出当时失蜡法的使用已达到炉火纯青的地步。两件器物表面纹饰均精细繁缛、装饰华丽，代表了当时楚国冶铸工艺的先进水平。

5. 虎纽錞于——巴文化兵乐器的代表

古代兵乐器，虎纽可悬挂，以槌击之而鸣。春秋时期开始流行，盛行于战国秦汉，之后逐渐消失。主要用于军旅中指挥进退，也用于礼仪庆典、大型集会、宗庙社祀等活动，常常与鼓、钲、铎结合使用。錞于形制硕大、品质优良、音质浑厚，虎纽形态更是巴文化图腾元素的生动写照，极具地域特色。

6. 星宿五铢钱——全国少有、品相极佳的压胜钱

秭归郭家坝镇卜庄河 M13 出土，时代为东汉，一级文物，直径 2.59cm。正面上部饰削刀；"五"字交笔中部各饰有星辰一，下部饰星宿纹饰；钱幕四出带钩及星宿组合纹饰。压胜钱起源于汉代，与一般钱币不同，不具备流通功能，其表象内容从赞美吉祥到附庸风雅、从婚丧嫁娶到诞辰祝寿、从避邪除恶到因果报应、从佛教经文到道教符咒……几乎涵盖了古代生活的各个领域。这类面质如新、字迹、纹饰清晰的星宿五铢钱在我国出土、传世的极少。

表 1-1 宜昌博物馆保护修复金属文物基本信息

序号	文物名称	藏品总登记号	时代	来源	材质	尺寸（cm）	重量（g）	数量	修复前状况
001	铜斗	Z22	春秋	枝江姚家港 M14 出土	铜	口径 14.2，通高 9.3	3100	1	全面锈蚀，底部孔洞。
002	铜盍	Z4	春秋	当阳河溶采集	铜	口径 25.3，通高 19.9	3200	1	全面锈蚀，器盖残，变形，裂隙，表面硬结物，划痕。
003	错银铜矛镦	Z9-1	战国	枝江姚家港 M2 陪葬坑出土	铜、银	口径 3.8，通高 7.4	180	1	全面锈蚀，表面硬结物，矿化，银丝起翘。
004	错金银铜矛镦	Z9-2	战国	枝江姚家港 M2 陪葬坑出土	铜、金、银	口径 2.4，通高 6.9	98	1	全面锈蚀，矿化，部分金银丝起翘，脱落，顶部矿化处残缺。
005	错金银铜矛镦	Z9-3	战国	枝江姚家港 M2 陪葬坑出土	铜、金、银	口径 2.2，通高 6.5	62	1	全面锈蚀，矿化，部分金银丝起翘，脱落，顶部矿化处残缺。
006	铜牌饰	Z10	战国	枝江姚家港 M2 陪葬坑出土	铜	长 11.2，宽 8.2	78	1	全面锈蚀，矿化，边缘锈蚀脱落。
007	铜杖首	Z62-1	战国	秭归卜庄河 M108 出土	铜	长 18.5	290	1	全面锈蚀，表面硬结物，粉状有害锈。
008	错金铜镦	Z62-2	战国	秭归卜庄河 M108 出土	铜、金	口径 2.4，通高 7.3	110	1	全面锈蚀，残缺，矿化严重。
009	铜车軎	Z11	战国	枝江姚家港 M2 出土	铜	底孔径 3.5，高 3.9	61	1	全面锈蚀，矿化，部分金银丝起翘，脱落，顶部矿化处残缺。
010	铜钺	Z24	商代	宜昌土城窖藏出土	铜	长 19.6，宽 7	390	1	全面锈蚀，表面硬结物，裂隙。
011	铜带钩	Z61	汉代	秭归卜庄河出土	铜	长 12.3，宽 5.5	120	1	全面锈蚀，表面硬结物。
012	铜缶	Z8	战国	当阳季家湖三分厂 M1 出土	铜	口径 12.2，通高 20.9	3200	1	全面锈蚀，表面硬结物，腹残，缺盖，裂隙。
013	铜釜	Z23	汉代	宜昌土城窖藏出土	铜	口径 34，通高 29.4	7700	1	全面锈蚀，局部残缺并附着有坚硬的铁锈。
014	铁斧	Z26	春秋	当阳杨家山 M4 出土	铁	长 15.1，宽 5.5	480	1	全面锈蚀，表面硬结物，瘤状物，层状剥离。
015	包金箔铜饰片	Z60	春秋	当阳赵巷 M12 出土	铜、金	长 15，宽 14.9，厚 0.04	30	1	全面锈蚀，残缺，裂隙，金箔卷翘。
016	铜鼎	Z2	春秋	当阳赵家塝 M1 出土	铜	口径 29.3，通高 35.7	8780	1	全面锈蚀。
017	铜鼎	Z1	春秋	当阳金家山 M9 出土	铜	口径 33.6，通高 31.8	8300	1	全面锈蚀，鼎盖略有变形，三鼎足均有残缺。

续表

序号	文物名称	藏品总登记号	时代	来源	材质	尺寸（cm）	重量（g）	数量	修复前状况
018	错金银铜矛镈	Z7	战国	枝江姚家港 M2 陪葬坑出土	金、银	口径 3.1，高 6.5，口径 3.2，高 6.7	100；85	2	全面锈蚀，矿化，部分金银丝起翘，脱落，顶部矿化处残缺。
019	铜盆	Z234	汉代	宜昌三涧溪中学出土	铜	直径 29.5，通高 15.5	3000	1	全面锈蚀，表面硬结物，矿化，底部向上凸出变形，表面有翻模痕迹多处、并有胶类遗留。
020	铜盘	Z606	春秋	当阳慈化第一电厂 M1 出土	铜	口径 43.5，通高 21.5	2500	1	全面锈蚀，表面硬结物，变形。
021	铜洗	Z615	春秋	宜昌土城窖藏出土	铜	口径38.3，通高18.2，底径24.5	4400	1	全面锈蚀，表面硬结物，口沿、腹部残，孔洞。
022	铜鼎	Y228	春秋	当阳金家山出土	铜	口径 22.4，通高 26.9	4410	1	全面锈蚀，表面硬结物，器盖变形。
023	铜鼎	Z215	西汉	宜昌前坪 M108 出土	铜	口径 13.5，通高 12.9	940	1	全面锈蚀，表面硬结物，器盖破损、残缺。
024	铜鍪	Z223	西汉	宜昌前坪 M76 出土	铜	口径 14.5，通高 14	770	1	全面锈蚀，表面硬结物，变形，底部破损、残缺，孔洞。
025	铜鍪	Y245	西汉	宜昌市出土	铜	口径 14.5，通高 13	770	1	全面锈蚀，表面硬结物，底部孔洞。
026	铜鍪	Z223	西汉	宜昌前坪 M104 出土	铜	口径 13，通高 15	450	1	全面锈蚀，表面硬结物，底部破损、裂隙。
027	铜鼎	Z213	西汉	宜昌前坪 M105 出土	铜	口径 12.5，通高 15.6	1500	1	全面锈蚀，表面硬结物，层状堆积，破损，残缺，粉状有害锈。
028	铜蒜头壶	Z516	西汉	宜昌市出土	铜	腹径 22.5，通高 39.3	4600	1	全面锈蚀，表面硬结物，铸造缺陷，裂隙。
029	铜壶	Z624	西汉	秭归卜庄河 M29 出土	铜	口径 9.6，通高 30.2	1600	1	全面锈蚀，表面硬结物，腹部破损、残缺严重，裂隙。
030	铜戈	Z147	战国	当阳金家山采集	铜	长 21.8	220	1	全面锈蚀，表面硬结物，层状堆积，粉状有害锈锈蚀严重。
031	铜戈	Z153	周代	当阳采集	铜	长 25.7	280	1	全面锈蚀，层状剥离。
032	铜斧	Y81	春秋	当阳杨家山出土	铜	长 11.2，宽 6	290	1	全面锈蚀，部分矿化，裂隙。
033	铜戈	Y859	东周	当阳采集	铜	长 20.9	340	1	全面锈蚀，通体矿化，表面硬结物。
034	铜瓢	Z236	东汉	宜昌三涧溪采集	铜	口径 23.8，通高 16.1	2050	1	全面锈蚀，表面硬结物。

续表

序号	文物名称	藏品总登记号	时代	来源	材质	尺寸（cm）	重量（g）	数量	修复前状况
035	铜盆	Z233	汉代	宜昌土城窖藏出土	铜	口径 38.3，通高 18.2	4240	1	全面锈蚀，表面硬结物。
036	铜釜	Y256	汉代	宜昌土城窖藏出土	铜	口径 35.4，残高 27	4710	1	全面锈蚀，表面硬结物，底部破损、残缺严重。
037	铜鼎	Y229	春秋	当阳金家山出土	铜	口径 22.5，残高 20.5	2710	1	全面锈蚀，表面硬结物，层状剥离，足部及器盖残缺较为严重，裂隙，器盖变形残缺，双耳残。
038	铜鼎	Z426	春秋	当阳慈化第一电厂 M1 出土	铜	口径 23，通高 27	4210	1	全面锈蚀，表面硬结物，变形，口沿至腹部残缺，一足残断。
039	铜浴缶	Z424	春秋	当阳慈化第一电厂 M1 出土	铜	口径 13，通高 29	6820	1	全面锈蚀，表面硬结物，残损，腹部 2 处残洞，口沿有缺失，裂隙 4 条。
040	铜盘	Z422	春秋	枝江姚家港 M15 出土	铜	口径 23，通高 27	4210	1	全面锈蚀，表面硬结物，变形，孔洞，层状堆积。
041	铜簠	Y278	春秋	当阳慈化第一电厂 M1 出土	铜	口长 28.8，宽 21.7，通高 19.1	4340	1	全面锈蚀，表面硬结物。器盖一侧有裂隙、变形，器身及器盖残缺各一处。
042	铜壶	Z465	战国	秭归卜庄河 M29 出土	铜	口径 23，通高 27	2060	1	全面锈蚀，表面硬结物，破损，残缺，器盖、器腹有孔洞。
043	铜洗	Z128	汉代	宜昌土城窖藏出土	铜	口径 42，通高 16	4780	1	全面锈蚀，表面硬结物。
044	铜錞于	Z130	汉代	宜昌土城窖藏出土	铜	最大径 30.7，通高 51.7	12380	1	全面锈蚀，表面硬结物，器腹孔洞。
045	铜鼎	Z214	西汉	宜昌前坪 M107 出土	铜	口径 21.4，通高 21.7	1360	1	全面锈蚀，表面硬结物，器盖变形，一足残缺。
046	铜洗	Z229	西汉	宜昌前坪 M109 出土	铜	口径 20.9，通高 9.5	610	1	全面锈蚀，表面硬结物，器身多处裂隙且变形，口沿缺失三处，腹部一孔洞。
047	铜熏	Z320	西汉	宜昌前坪 M76 出土	铜	口径 11.5，通高 13.1	840	1	全面锈蚀，表面硬结物，残缺，有明显粘接痕迹。
048	铜剑	Z598	东周	当阳杨家山 M4 出土	铜	长 53.4	810	1	全面锈蚀，残缺。
049	铜镜	Z105	东汉	枝江肖家山出土	铜	直径 10.9，缘厚 0.5	240	1	全面锈蚀，断裂，胶结痕迹明显，粘接有错口，胶外溢，反光面有明显人为划痕多处。

序号	文物名称	藏品总登记号	时代	来源	材质	尺寸（cm）	重量（g）	数量	修复前状况
050	铜镜	Z514	南朝	宜昌樵湖岭M7出土	铜	直径15，缘厚0.4	460	1	全面锈蚀，断裂，胶结痕迹明显，粘接有错口、缝隙较大。
051	铜镜	Z141	东汉	原宜昌市文物处移交	铜	直径9.8	120	1	全面锈蚀，孔洞，断裂，胶结痕迹明显，粘接有错口、胶外溢，中部残缺。
052	铜镜	Z462	三国	宜昌葛洲坝出土	铜	直径14	420	1	全面锈蚀，多处粉状有害锈。
053	铜镜	Z515	东汉	原宜昌市文物处移交	铜	直径10	240	1	全面锈蚀，断裂，胶结痕迹明显，粘接有错口、有明显缝隙。
054	铜镜	Y722	汉代	宜昌前坪M75出土	铜	/	880	1	全面锈蚀，破碎，缺失，破碎处胶结痕迹明显，多处粉状有害锈。
055	铜镜	Y737	汉代	宜昌西坝采集	铜	直径19.5	780	1	全面锈蚀，表面硬结物，孔洞，断裂，胶结痕迹明显，缺失两块。
056	铜盏	Z472	战国	当阳金家山M248出土	铜	口径21，通高17.1	1730	1	全面锈蚀，表面硬结物，层状剥离，变形。只剩一足，器盖两处孔洞。
057	铜匜	Z425	战国	枝江姚家港第二砖瓦厂M15出土	铜	长18.4，通高10.9	690	1	全面锈蚀，表面硬结物，变形，残缺，层状剥离严重。
058	铜杯	Z15	西晋	当阳长坂坡M1出土	铜	口径7.4，通高12.7	290	1	全面锈蚀，多处粉状有害锈，层状剥离。
059	铜镜	Z18	东晋	原宜昌市文物处征集	铜	直径12.3，缘厚0.4	240	1	全面锈蚀，表面硬结物。
060	铜锁形器	Z19	春秋	枝江姚家港M14出土	铜	程长9.7，锁身宽4.5	170	1	全面锈蚀，表面硬结物，矿化，残损。
061	铜矛	Z132	春秋	当阳李家洼子M14出土	铜	通长27.7，刃长20.1	230	1	全面锈蚀，残缺。
062	镶嵌绿松石铜剑	Z65	战国	当阳李家洼子M13出土	铜	通长53.6	890	1	全面锈蚀，表面硬结物。
063	铜匜	Z25	春秋	当阳赵巷M4出土	铜	通长21，通高11.8	960	1	全面锈蚀，表面硬结物。
064	铜盘	Z146	春秋	当阳赵巷M4出土	铜	口径37，足高4，通高7.9	2020	1	全面锈蚀，表面硬结物，残缺，变形。
065	"许之造"铜戈	Z5	战国	当阳金家山M45出土	铜	通长19.4，援长12.9，内长6.4	290	1	全面锈蚀，表面硬结物。

续表

序号	文物名称	藏品总登记号	时代	来源	材质	尺寸（cm）	重量（g）	数量	修复前状况
066	铜车軎	Z451	战国	当阳杨家山出土	铜	底径7.4，通高5.6	280；276	2	全面锈蚀，表面硬结物，残损。
067	铜方策	Z219	战国	当阳金家山M45出土	铜	底长6，宽4	130；94	2	全面锈蚀，表面硬结物，残缺。
068	铜釜	Z235	汉代	宜昌土城窖藏出土	铜	口径30.6，通高34.4	5500	1	全面锈蚀，表面硬结物。
069	铜戈	Z548	战国	当阳金家山出土	铜	通长18.2	200	1	全面锈蚀，表面硬结物，矿化，层状剥离。
070	铜镜	Z458	宋代	秭归望江M14出土	铜	直径15.6	760	1	全面锈蚀，表面硬结物，多处粉状有害锈。断裂，胶结痕迹明显，粘接有错口、裂隙、胶外溢。
071	铜镜	Z226	战国	枝江姚家港M10出土	铜	直径11.9	280	1	全面锈蚀，表面硬结物，断裂，胶结痕迹，粘接处缝隙较大。
072	铜镜	Z225	汉代	宜昌前坪M69出土	铜	直径9.7	160	1	全面锈蚀，表面硬结物，断裂，胶结痕迹，粘接处缝隙较大。镜面划痕多处，镜边缘一孔洞。
073	铜镜	Z271	汉代	原宜昌市文物处征集	铜	直径8.5	84	1	全面锈蚀，表面硬结物，断裂，多处粉状有害锈，胶结痕迹明显。
074	铜盏	Z472	春秋	当阳金家山M248出土	铜	口径21，通高17.4	2030	1	全面锈蚀，表面硬结物，残损。器耳及足胶结痕迹明显，其中一足有焊锡。
075	铜剑	Z600	春秋	当阳金家山M229出土	铜	通长54	840	1	全面锈蚀，表面硬结物，断裂为两段，修复痕迹明显。
076	铜鍪	Z610	西汉	秭归卜庄河M83出土	铜	口径7.7，通高26.9	1700	1	全面锈蚀，表面硬结物，粉状有害锈锈蚀严重。
077	铜剑	Y150	战国	1984年古字第一号	铜	残长41.3，宽3.6，厚1.1	360	1	全面锈蚀，粉状有害锈，剑首残缺。
078	铜镜	Y693	汉	原宜昌市文物处征集	铜	直径9.4，缘厚0.3，厚0.9	160	1	全面锈蚀，残缺，断裂，胶粘痕迹明显，裂隙，胶外溢。
079	铜镜	Y745	宋	原宜昌市文物处移交	铜	直径13.2，厚0.9	150	1	全面锈蚀，表面硬结物，外缘一角残。
080	铜剑	Y989	战国	当阳岱家山M158出土	铜	长41，通宽4.2，通高3.5	280	1	全面锈蚀，表面硬结物，断裂，粉状有害锈。

续表

序号	文物名称	藏品总登记号	时代	来源	材质	尺寸（cm）	重量（g）	数量	修复前状况
081	铜戈	Y991	战国	当阳岱家山M153出土	铜	通长21.9，通宽11，厚1.1	240	1	全面锈蚀，表面硬结物，矿化，断裂为两段，粉状有害锈。
082	铁削刀	Y2001	东汉	秭归卜庄河M17出土	铁	通长117，厚1.5	1020	1	全面锈蚀。
083	铜剑	Y2005	战国	当阳金家山采集	铜	残长65，通宽5.2，格高2.3。	850	1	全面锈蚀，表面硬结物，断裂为五段。
084	铜剑	Y2006	战国	当阳金家山采集	铜	残长44.3，通（格）宽4.4，圆首径3.8	520	1	全面锈蚀，断裂为三段，焊锡残留。
085	铜剑	Y2008	战国	当阳金家山采集	铜	残长60，通（格）宽4.7，格高2.0	770	1	全面锈蚀，粉状有害锈满布，断裂为三段，剑首残缺。
086	铜剑	Y2009	战国	当阳金家山采集	铜	残长49.2，通（格）宽4.9，通高2.8	750	1	全面锈蚀，粉状有害锈，断裂为两段，剑首残缺。
087	铜剑	Y2011	战国	秭归茅坪下尾子出土	铜	残长58.1，残（格）宽4.6，残高2.5	730	1	全面锈蚀，粉状有害锈，断裂为三段，剑首残缺。
088	铜戈	Y2012	战国	1982年当阳草埠湖二分场采集	铜	残长26.4，残宽11.8，厚0.9	250	1	全面锈蚀，断裂为两段。
089	铜剑	Y2056	东周	当阳金家山M221出土	铜	残长51.6，格宽4.4，高（首径）3.1	460	1	全面锈蚀，表面硬结物，断裂为三段。
090	铜剑	Y2057	战国	当阳金家山M53出土	铜	残长37.3，通（格）宽3.7，厚（格高）1.6	290	1	全面锈蚀，断裂为两段，剑首残缺。
091	铜剑	Y2059	西汉	宜昌前坪M66出土	铜	残长54.8，通（格）宽4.6，通高（首径）3.8	620	1	全面锈蚀，表面硬结物，断裂为三段，粉状有害锈。
092	铜剑	Y2063	战国	当阳金家山M154出土	铜	残长45.5，格宽5.1，通高（箍处）2.8	680	1	全面锈蚀，断裂为三段，剑首、剑锋残缺，锡焊残留。
093	铜剑	Y2064	西汉	宜昌前坪M73出土	铜	长42.9，格宽4.3，箍高2.4	510	1	全面锈蚀，断裂为三段，剑首、剑锋残缺，锡焊残留。
094	铜带钩	Y2220	西汉	宜昌前坪M69出土	铜	残长6.6，宽（腹径）2.5，残高1.6	29	1	全面锈蚀，表面硬结物，断裂为两段。

续表

序号	文物名称	藏品总登记号	时代	来源	材质	尺寸（cm）	重量（g）	数量	修复前状况
095	铜鍪	Y2258	西汉	宜昌前坪 M59 出土	铜	/	390	1	全面锈蚀，破碎。
096	铜剑	Y2431	战国	当阳乌龟包 M1 出土	铜	残长 27.2，格宽 4.9，高（首径）3.6	400	1	全面锈蚀，断裂为三段，剑首孔洞。
097	铜剑	Y2432	战国	当阳乌龟包 M1 出土	铜	残长 47.2，格宽 4.6，高（首径）3.4	680	1	全面锈蚀，断裂为三段。
098	铜剑	Y2435	战国	当阳乌龟包 M1 出土	铜	残长 26.2，格宽 4.7，高（首径）3.6	390	1	全面锈蚀，断裂为四段。
099	铜戈	Y2436	战国	当阳乌龟包 M1 出土	铜	残长 20.8，宽 12.5，厚 1	280	1	全面锈蚀，断裂为三段。
100	铜戈	Y2437	战国	当阳乌龟包 M1 出土	铜	残长 27.5，宽 13.7，厚 1	180	1	全面锈蚀，断裂为三段，残缺。
101	铜戈	Y2441	战国	当阳乌龟包 M1 出土	铜	长 29.8，宽 13.4，厚 0.9	290	1	全面锈蚀，断裂为三段，焊锡、胶结残留。
102	铜戈	Y2447	战国	当阳乌龟包 M1 出土	铜	残长 23.6，宽 12.1，厚 0.8	220	1	全面锈蚀，断裂为三段，胶结残留。
103	铜盖弓帽	Y2461	战国	当阳乌龟包 M1 出土	铜	长 7.5，宽 5.1，高 1.4	46	4	全面锈蚀，残损严重。
104	铜合页	Y2467	战国	当阳乌龟包 M1 出土	铜	残长 6，宽 5.9，厚 1.3	74	1	全面锈蚀，表面硬结物，残缺，断裂。
105	铜合页	Y2469	战国	当阳乌龟包 M1 出土	铜	最完整件：残长 6.4，宽 2.8，厚 1.2	55;51	4	全面锈蚀，表面硬结物，残缺，断裂。
106	虎形铜带钩	Y2707	东汉	秭归八字门 M19 出土	铜	残长 13.2，宽 6.4，厚 1.6	160	1	全面锈蚀，粉状有害锈满布。
107	铜带钩	Y2708	东汉	秭归八字门 M21 出土	铜	长 10.4，宽 1.4，高 1.6	41	1	全面锈蚀，表面硬结物，粉状有害锈。
108	铜权	Y2709	宋	原宜昌市文物处移交	铜	腹径 4.1，底径 3.8，通高 7.7	400	1	全面锈蚀，表面硬结物，粉状有害锈。
109	铜冠顶	Y2710	清	原宜昌市文物处移交	铜	直径 5，通高 9	74	1	全面锈蚀，表面硬结物，粉状有害锈。
110	铜镜	Y2711	汉	宜昌市一中 M15 出土	铜	直径 11，厚 1.2，钮径 3	110	1	全面锈蚀，表面硬结物，粉状有害锈，仅存一半。

序号	文物名称	藏品总登记号	时代	来源	材质	尺寸（cm）	重量（g）	数量	修复前状况
111	铜镜	Y2713	东汉	原宜昌市文物处移交	铜	直径11.9，厚0.9	250	1	全面锈蚀，表面硬结物，粉状有害锈，断裂，残缺。
112	铜钫	Y2714	汉	秭归卜庄河M30出土	铜	口径7.3，底径9	1060	1	全面锈蚀，表面硬结物，破碎。
113	铜鼎	Y2715	汉	秭归卜庄河M30出土	铜	口径12.6	980	1	全面锈蚀，表面硬结物，破碎。
114	铜鼎	Y2716	汉	秭归卜庄河M30出土	铜	口径13.3	1060	1	全面锈蚀，表面硬结物，破碎。
115	铜钫	Y2717	汉	秭归卜庄河M30出土	铜	口径7.3，底径9.1	1070	1	全面锈蚀，破碎，表面硬结物。
116	铁削刀	Y2718	汉	秭归卜庄河M55出土	铁	残长40.5，厚1.2	270	1	严重锈蚀，矿化、鳞片状脱落。
117	铜鼎	Y2719	汉	宜昌前坪M73出土	铜	/	1220	1	全面锈蚀，表面硬结物，破碎。
118	铜盏	Y2722	春秋	当阳金家山采集	铜	/	840	1	全面锈蚀，破碎，矿化。
119	铜鼎	Y2723	汉	宜昌前坪谭家包M59出土	铜	口径18.7	1640	1	全面锈蚀，表面硬结物，破碎。
120	铜弩机	Y2727	汉	93YJM1出土	铜	/	650	1	全面锈蚀，表面硬结物，破碎。
121	铁鍪	Y2728	汉	宜昌前坪天灯包M93出土	铁	/	1200	1	严重锈蚀，酥粉破碎，矿化。
122	铜格铁剑	Y2731	战国	墓葬出土	铁铜	残长83.6，格宽5.2，厚2.4	510	1	严重锈蚀，断为三段。
123	乳丁纹铜甬钟	Y227	西周	宜昌万福垴遗址出土	铜	/	21150	1	全面锈蚀，枚残缺，钲、铣部有残缺，断裂。
124	云纹铜甬钟	Y226	西周	宜昌万福垴遗址出土	铜	通高43.1，宽25.1	12400	1	全面锈蚀，甬残缺，瘤状物，于部微破裂。
125	雷纹铜甬钟	Y225	西周	宜昌万福垴遗址出土	铜	通高48.3，宽26.5	14250	1	全面锈蚀，甬、枚、舞部残缺，于部微破裂。
126	变形鸟纹铜甬钟	Y221	西周	宜昌万福垴遗址出土	铜	通高44.7，宽26.5	13300	1	全面锈蚀，甬、于部残缺，钲部有瘤状物。
127	雷纹铜甬钟	Y223	西周	宜昌万福垴遗址出土	铜	通高47，宽26.1	12750	1	全面锈蚀，甬、枚残缺，于部微破裂。
128	雷纹铜甬钟	Y218	西周	宜昌万福垴遗址出土	铜	通高45.6，宽25	14250	1	全面锈蚀，甬顶部微残缺，于部微破裂。

续表

序号	文物名称	藏品总登记号	时代	来源	材质	尺寸（cm）	重量（g）	数量	修复前状况
129	雷纹铜甬钟	Y222	西周	宜昌万福垴遗址出土	铜	通高 51.2，宽 28.4	11200	1	全面锈蚀，甬顶部微残缺，于部微破裂。
130	雷纹铜甬钟	Y224	西周	宜昌万福垴遗址出土	铜	通高 53.6，宽 28.8	16600	1	全面锈蚀，甬顶部微残缺，于部微破裂。
131	"楚季"铜甬钟	Y217	西周	宜昌万福垴遗址出土	铜	通高 47.8，宽 28	9800	1	全面锈蚀，甬顶部微残缺，于部微破裂。
132	雷纹铜甬钟	Y220	西周	宜昌万福垴遗址出土	铜	残高 32.2，宽 27.1	13550	1	全面锈蚀，甬部残失，于部微破裂。
133	雷纹铜甬钟	Y219	西周	宜昌万福垴遗址出土	铜	通高 43.9，宽 16.4	15200	1	全面锈蚀，整体断裂为五块，于部微破裂。
134	凤鸟纹铜鼎	Y228	西周	宜昌万福垴遗址出土	铜	通高 39.8，腹径 32.5	8500	1	全面锈蚀，局部粉状有害锈，破裂为七块，缺失一足和部分器底。
135	铜钵	Y280	战国	当阳金家山M247 出土	铜	通高 5.5，口径 15.8	420	1	全面锈蚀，一耳及口沿残缺。
136	铜剑	Y135	战国	当阳金家山M67 出土	铜	通长 38.9，宽 3.4	190	1	全面锈蚀，粉状有害锈满布，茎部近首处破裂。
137	铜剑	Y138	战国	当阳金家山M57 出土	铜	通长 47，宽 4.3	560	1	全面锈蚀，茎部断裂，粉状有害锈满布。
138	铜剑	Y139	战国	当阳金家山M40 出土	铜	通长 51.8，宽 4.9	570	1	全面锈蚀，剑前端断裂。
139	铜剑	Y143	东周	当阳金家山M187 出土	铜	残长 56.9，宽 4.5	800	1	全面锈蚀，剑刃部小块残缺，剑茎、剑身硬结物。
140	铜剑	Y144	战国	当阳金家山M98 出土	铜	通长 44.8，宽 4.6	390	1	全面锈蚀，剑身前端断裂，刃部小块残缺，粘接痕迹明显。
141	铜剑	Y145	战国	当阳金家山M45 出土	铜	通长 43.8，宽 4.9	680	1	全面锈蚀，剑身前端断裂，刃部小块残缺，粘接痕迹明显。
142	铜剑	Y147	战国	当阳金家山M70 出土	铜	通长 39.4，宽 3.6	240	1	全面锈蚀，剑茎裂隙，剑身断裂为两段，粘接痕迹明显。
143	铜匕首	Y148	战国	当阳金家山M27 出土	铜	通长 25.4，宽 2.5	110	1	全面锈蚀，剑身断裂为三段，粘接痕迹明显，刃部小段残缺。
144	铜戈	Y153	战国	当阳金家山M202 出土	铜	通长 23.5，宽 11.6	190	1	全面锈蚀，矿化，胡部、援部残缺，戈身硬结物。
145	铜戈	Y154	战国	当阳金家山M47 出土	铜	残长 18.6，宽 9.5	40	1	全面锈蚀，矿化，戈身断裂为两段，援部残。

续表

序号	文物名称	藏品总登记号	时代	来源	材质	尺寸（cm）	重量（g）	数量	修复前状况
146	铜钫	Y250	战国	当阳金家山M248出土	铜	通高6.5，腹径15.7	260	1	全面锈蚀，器口沿、下腹部大片残缺，颈、肩部表面有硬结物。
147	铜敦	Y264	春秋	当阳金家山M235出土	铜	残高19.1，宽25	350	1	全面锈蚀，器盖及下腹部大面积残缺，孔洞，变形。
148	铜鼎	Y275	春秋	当阳金家山M235出土	铜	残高18.4，宽19.5	1830	1	全面锈蚀，器腹数块残缺，器盖裂隙，器耳、足残缺，孔洞。
149	铜剑	Y149	战国	当阳金家山采集	铜	通长61.2，宽4.7	770	1	全面锈蚀，剑刃小块残缺，剑身硬结物，粉状有害锈满布。
150	铜剑	Z175	战国	当阳金家山M168出土	铜	通长47.7	56	1	全面锈蚀，剑身断裂为两段，粘接痕迹明显。
151	铜剑	Z180	战国	当阳金家山M209出土	铜	通长40.5	330	1	全面锈蚀，剑茎孔洞。
152	铜剑	Z168	战国	当阳金家山M49出土	铜	通长42.6	440	1	全面锈蚀，剑茎孔洞。
153	铜剑	Z181	战国	当阳金家山M234出土	铜	通长41.8	360	1	全面锈蚀，剑茎多处孔洞。
154	铜戈	Z203	战国	当阳金家山M229出土	铜	长20.9，宽10.3，高0.9	250	1	全面锈蚀，前锋残，局部粉状有害锈。
155	铜匕	Z264	春秋	当阳金家山M34出土	铜	长31.1，宽3.87	100	1	全面锈蚀，前锋、首残，茎孔洞。
156	铜矛	Z261	战国	当阳金家山M195出土	铜	长13.6，宽1.7	30	1	全面锈蚀，矿化，层状剥离严重。
157	铜马衔	Y173	东周	当阳杨家山M1出土	铜	通长22.9，宽5.1	170	1	全面锈蚀，表面硬结物。
158	铜马衔	Y174	东周	当阳杨家山M1出土	铜	通长23，宽5	160	1	全面锈蚀，表面硬结物。
159	铜车軎	Y198	战国	当阳杨家山M2出土	铜	通高6.8，底径6.2	160	1	全面锈蚀，表面硬结物。
160	铜鼎	Y292	春秋	当阳杨家山M6出土	铜	/	3150	1	全面锈蚀，破碎。
161	铜敦	Y293	春秋	当阳杨家山M6出土	铜	/	1790	1	全面锈蚀，破碎。
162	铜钫	Y296	春秋	当阳杨家山M6出土	铜	/	250	1	全面锈蚀，破碎。

续表

序号	文物名称	藏品总登记号	时代	来源	材质	尺寸（cm）	重量（g）	数量	修复前状况
163	铜络饰	Y864	春秋	当阳杨家山M6出土	铜	通长1.8，通宽1.8，通高1.3	250	71	全面锈蚀，局部孔洞。
164	铜箭镞	Y895	春秋	当阳杨家山M6出土	铜	通长8.6，通宽0.8	80	1	全面锈蚀，刃残。
165	铜车軎	Z250	战国	当阳李家洼子M9出土	铜	通长3.7，通宽7.1	300	2	全面锈蚀，裂隙，孔洞。
166	铜志矢	Y907	战国	当阳出土	铜	通长12.6，通宽0.8，通高0.8	97	5	全面锈蚀，残缺，断裂。
167	铜盖	Y276	春秋	当阳郑家洼子M23出土	铜	口径22.5，残高16.1	2440	1	全面锈蚀，表面硬结物，器身、器盖残缺，裂隙，器足断裂。
168	铜钺	Y861	战国	当阳金家山与郑家洼子之间采集	铜	通长5，通宽3.6	51	1	全面锈蚀，刃、身局部残缺。
169	铜马镳	Y197	春秋	当阳曹家岗M5出土	铜	通长16.5，通宽2.9	100	2	全面锈蚀，表面硬结物。
170	铜合页	Y863	春秋	当阳曹家岗M5出土	铜	通长5.5，宽通2.8，厚0.9	95	3	全面锈蚀，一件残缺。
171	铜戈	Y133	战国	当阳赵家塝M132出土	铜	通长13.5，通宽10	40	1	全面锈蚀，缘部残。
172	铜铙	Y236	春秋	当阳赵家塝M1出土	铜	通高6.3，腹径16.8	210	1	全面锈蚀，表面硬结物，仅存一半。
173	锡簠	Y251	春秋	当阳赵家塝M8出土	锡	腹径18.8，残高15.9	1630	1	锡疫严重，盖、腹、圈足部残、变形。
174	锡簠	Y252	春秋	当阳赵家塝M8出土	锡	腹径19.9，残高15.8	1630	1	锡疫严重，盖、腹、圈足部残、变形。
175	铜鼎	Y277	春秋	当阳赵家塝M1出土	铜	/	2150	1	全面锈蚀，表面硬结物，破碎。
176	凤首铜构件	Y64	战国	当阳采集	铜	通长13.9，通宽3.2	390	2	全面锈蚀，凤首下部局部残缺。
177	铜钺	Y81	战国	当阳付家窑遗址采集	铜	通长3.4，通宽6.2，通高5.7	49	1	全面锈蚀，内部残缺。
178	铜杖饰	Y84	战国	当阳采集	铜	通长7，通宽5.6，厚0.9	100	1	全面锈蚀，表面硬结物，杖饰弯曲状一头小块残缺。
179	铜杖饰	Y85	战国	当阳采集	铜	通长7.2，通宽5.8，厚0.8	100	1	全面锈蚀，表面硬结物，杖饰弯曲状一头小块残缺。

续表

序号	文物名称	藏品总登记号	时代	来源	材质	尺寸（cm）	重量（g）	数量	修复前状况
180	铜戈	Y859	东周	当阳采集	铜	通长18.4，通宽9.5，厚0.8	310	1	全面锈蚀，戈身断裂为两段，前锋残。
181	铜戈	Z449	东周	当阳金家山采集	铜	通长27.2，通宽10.7，厚1.2	210	1	全面锈蚀，戈身断裂为两段，粘接痕迹明显。
182	铜镜	Y730	宋代	当阳草埠湖金家山M1出土	铜	直径9.1，厚1.2	110	1	全面锈蚀，残缺，断裂，粉状有害锈满布。
183	铜车軎	Y177	战国	当阳采集	铜	底径5.8，通高7.7	100	2	全面锈蚀，表面硬结物，身部残缺。
184	铜剑	Y141	战国	当阳何家山M21出土	铜	通长44.8，通宽4.8	550	1	全面锈蚀，茎、锋局部残，剑身硬结物。
185	铜马衔	Y193	战国	当阳何家山M19出土	铜	通长20.8，通宽0.6	230	1	全面锈蚀，表面硬结物，一衔残。
186	铜匕首	Y866	战国	当阳何家山M8出土	铜	通长20.7，通宽4.1，高3.6	70	1	全面锈蚀，首部、身部断裂。
187	铜匕首	Y867	战国	当阳何家山M13出土	铜	通长24.1，通宽3.9，高1.3，	70	1	全面锈蚀，茎部断裂，首部缺失。
188	铜盖弓帽	Y874	战国	当阳何家山M31出土	铜	残长1.7，宽1.2，高5.3	10	1	全面锈蚀，断裂。
189	铜铺首衔环	Y876	战国	当阳何家山M31出土	铜	长5.6，宽3.5，高1.4	31	2	全面锈蚀，断裂。
190	铜箭镞	Y878	战国	当阳何家山M21出土	铜	长6.宽1.2，厚0.6	80	1	全面锈蚀。
191	铜箭镞	Y881	战国	当阳何家山M31出土	铜	残长12.3，残宽1.3，厚0.7	34	2	全面锈蚀，铤部断裂。
192	铜带钩	Y882	战国	当阳何家山M8出土	铜	残长5.6，残宽1	40	1	全面锈蚀，断裂为三段。
193	铜戈	Y885	战国	当阳何家山M8出土	铜	/	37	1	全面锈蚀，矿化，断裂为四段。
194	铜镜	Y886	战国	当阳何家山M29出土	铜	厚0.3	190	1	全面锈蚀，破碎，残缺。
195	铜镜	Y95	东汉	当阳岱家山M59出土	铜	直径19.5，厚4	780	1	全面锈蚀，表面硬结物，粉状有害锈满布，断裂，粘接痕迹明显。
196	铜镜	Y96	汉代	当阳岱家山采集	铜	直径7.2，厚1.7	65	1	全面锈蚀，局部硬结物。
197	铜鼎	Y107	战国	当阳岱家山M150出土	铜	通高17.8，通宽16.5	1660	1	全面锈蚀，表面硬结物，一足底小块残缺，下腹部一裂隙。

序号	文物名称	藏品总登记号	时代	来源	材质	尺寸（cm）	重量（g）	数量	修复前状况
198	铜剑	Y108	战国	当阳岱家山M130出土	铜	通长38，通宽4.3，厚3.5	240	1	全面锈蚀，刃部数块残缺，剑茎一处裂隙。
199	铜剑	Y109	战国	当阳岱家山M145出土	铜	通长37.2，通宽3.9，厚3.5	310	1	全面锈蚀，刃部数块残缺，剑茎一处裂隙。
200	铜剑	Y110	战国	当阳岱家山M153出土	铜	长47.4，宽4.4，厚3.8	590	1	全面锈蚀，刃部残缺，剑茎一处裂隙。
201	铜剑	Y111	战国	当阳岱家山M134出土	铜	通长50.8，通宽4.4，厚3.6	690	1	全面锈蚀，表面硬结物。
202	铜剑	Y112	战国	当阳岱家山M128出土	铜	通长48.3，通宽4.7，厚3.9	540	1	全面锈蚀，剑身多处硬结物，刃部残缺。
203	铜剑	Y113	战国	当阳岱家山M78出土	铜	通长40.4，通宽4.4，厚3.6	460	1	全面锈蚀，多处硬结物。
204	铜剑	Y114	战国	当阳岱家山M110出土	铜	通长44.2，通宽4.5，厚3.8	580	1	全面锈蚀，刃部残缺，剑身硬结物。
205	铜剑	Y115	战国	当阳岱家山M136出土	铜	通长45.1，通宽4.0，厚3.6	450	1	全面锈蚀，表面硬结物，刃部残缺，剑身断裂为两段，粘接痕迹明显。
206	铜剑	Y116	战国	当阳岱家山M96出土	铜	通长45.1，通宽4.6，厚3.7	390	1	全面锈蚀，剑身硬结物。
207	铜戈	Y118	战国	当阳岱家山M128出土	铜	通长21.7，通宽12.5，厚0.8	210	1	全面锈蚀，援、内皆有硬结物，一穿孔处残缺，内侧一裂隙。
208	铜戈	Y119	战国	当阳岱家山M78出土	铜	通长17.1，通宽10.2，厚0.1	37	1	全面锈蚀，矿化，断裂，孔洞。
209	铜戈	Y120	战国	当阳岱家山M158出土	铜	通长19.3，通宽11.8，厚0.8	150	1	全面锈蚀，表面硬结物，残缺，裂隙。
210	铜戈	Y121	战国	当阳岱家山M134出土	铜	通长21.2，通宽10.8，厚0.9	230	1	全面锈蚀。
211	铜戈	Y122	战国	当阳岱家山M136出土	铜	通长21.2，通宽13.3，厚1.2	280	1	全面锈蚀。
212	铜戈	Y123	战国	当阳岱家山M158出土	铜	通长13.4，通宽10.6，厚0.7	76	1	全面锈蚀，表面硬结物，断裂。
213	铜戈	Y124	战国	当阳岱家山M110出土	铜	通长25.1，通宽15.9，厚1.2	320	1	全面锈蚀，表面硬结物，断裂。
214	铜戈	Y125	汉代	当阳岱家山M95出土	铜	通长17.9，通宽9.4，厚0.2	37	1	全面锈蚀，矿化，断裂。

续表

序号	文物名称	藏品总登记号	时代	来源	材质	尺寸（cm）	重量（g）	数量	修复前状况
215	铜戈	Y126	战国	当阳岱家山M139出土	铜	通长17.1，通宽9.7，厚0.2，	35	1	全面锈蚀，表面硬结物，矿化，孔洞。
216	铜戈	Y127	战国	当阳岱家山M129出土	铜	通长18.2，通宽4.4，厚3.6	58	1	全面锈蚀，表面硬结物，矿化，孔洞，断裂。
217	铜匕首	Y128	战国	当阳岱家山M139出土	铜	通长25.6，通宽4.3，厚3.7	83	1	全面锈蚀，首部断裂。
218	铜匕首	Y129	战国	当阳岱家山M154出土	铜	通长22.7，通宽4.3，厚3.6	110	1	全面锈蚀。
219	铜矛	Y130	战国	当阳岱家山M136出土	铜	通长12.7，通宽3.0，厚1.6	27	1	全面锈蚀，刃稍残。
220	铜敦	Y242	战国	当阳九龙岗购买	铜	口径14.6，通高5.8	280	1	全面锈蚀，表面硬结物，孔洞。
221	铜壶	Y243	战国	当阳九龙岗购买	铜	腹径15.1，通高18.9	550	1	全面锈蚀，表面硬结物，器腹残、塌陷变形，器盖破损。
222	铜鼎	Y269	战国	当阳九龙岗购买	铜	宽18.7，通高19.0	3200	1	全面锈蚀，表面硬结物，器腹、底孔洞，三足缺失，一耳残。
223	铜簋	Y278	春秋	当阳慈化第一电厂M1出土	铜	通长28.3，通宽20.6，高9.3	5000	1	全面锈蚀，表面硬结物，破碎。
224	铜熏	Y290	晋代	当阳长坂坡M1出土	铜	通长41.2，通宽11.3，高11.6	430	1	全面锈蚀，断裂，残缺，粘接痕迹明显。
225	铜剑	Z184	战国	枝江姚家港M11出土	铜	通长46.4	450	1	全面锈蚀，剑茎孔洞。
226	铜车饰	Y855	战国	枝江姚家港M2陪葬坑出土	铜	通长22.1，通宽4.8，高1.5	350	3	全面锈蚀，严重残缺。
227	铜罍	Y231	春秋	枝江高山庙M15出土	铜	/	4080	1	全面锈蚀，严重残缺，破碎，仅存口、底。
228	铜簠	Y261	春秋	枝江高山庙M15出土	铜	通长30.4，通宽22.8，通高21.0	3950	1	全面锈蚀，表面硬结物，裂隙，变形，残缺。
229	铜簠	Y262	春秋	枝江高山庙M15出土	铜	通长30.8，通宽22.6，通高20.0	4480	1	全面锈蚀，表面硬结物，裂隙，变形，孔洞，残缺。
230	铜鼎	Y270	春秋	枝江高山庙M15出土	铜	宽30.2，残高22.4	3140	1	全面锈蚀，一足断裂，一足缺失，下器腹、底严重残缺。
231	铜勺	Y285	春秋	枝江高山庙M15出土	铜	残长20.5，高11.8，宽13.4	370	1	全面锈蚀，层状剥离，断裂，孔洞，裂隙，残缺。

序号	文物名称	藏品总登记号	时代	来源	材质	尺寸（cm）	重量（g）	数量	修复前状况
232	铜勺	Y237	春秋	采集	铜	残长20.6，残宽12.7	590	1	全面锈蚀，表面硬结物，断裂，孔洞，残缺。
233	铜镜	Y694	西汉	枝江肖家山M17出土	铜	直径9.8，厚0.8	73	1	全面锈蚀，断裂，粘接痕迹明显。
234	铜匕	Y232	汉代	宜昌前坪M69出土	铜	残长35.8，通宽11.6	260	1	全面锈蚀，表面硬结物，断裂。
235	铜匕	Y235	汉代	宜昌前坪M104出土	铜	通长23.8，通宽9.7，通高6.4	100	1	全面锈蚀，勺盘残缺，勺把断裂。
236	铜镳斗	Y241	东汉	宜昌前坪M76出土	铜	/	530	1	全面锈蚀，表面硬结物，破碎。
237	铜盆	Y246	汉代	宜昌前坪M51出土	铜	通长27.2，通宽14.7，通高7.6	560	1	全面锈蚀，残缺，变形，孔洞。
238	铜钫	Y257	汉代	宜昌前坪M69出土	铜	残长24.3，残宽20.0，残高30.8	3510	1	全面锈蚀，严重变形，断裂，残缺。
239	铜蒜头壶	Y258	西汉	宜昌前坪M97出土	铜	腹径17.9，残高28.9	950	1	全面锈蚀，上颈部、蒜头残缺，腹部孔洞，器底外缘残缺。
240	铜蒜头壶	Y259	西汉	宜昌前坪M107出土	铜	腹径19.7，通高29.1	1010	1	全面锈蚀，表面硬结物，器腹孔洞，器底外缘残缺。
241	铜鍪	Y263	汉代	宜昌前坪M66出土	铜	宽18.5，残高22.8	790	1	全面锈蚀，表面硬结物，口沿、耳残，裂隙，变形，孔洞。
242	铜钫	Y265	汉代	宜昌前坪M57出土	铜	残长27.6，残宽21.8，残高26.6	3970	1	全面锈蚀，表面硬结物，上部破碎残缺，严重变形。
243	铜钫	Y266	汉代	宜昌前坪M76出土	铜	残长24.3，残宽21.8，残高28.4	3620	1	全面锈蚀，硬结物，上部破碎残缺，严重变形。
244	铜洗	Y267	汉代	宜昌前坪M105出土	铜	直径23.7，高11.2	660	1	全面锈蚀，口沿、器腹粉状有害锈、孔洞。
245	铜钫	Y268	汉代	宜昌前坪天灯包M2出土	铜	腹长12.6，腹宽12.0，通高17.6	870	1	全面锈蚀，硬结物。
246	铜鼎	Y272	汉代	宜昌前坪M107出土	铜	器腹直径20.9，通高13.8	890	1	全面锈蚀，器腹、底孔洞，一足断裂，器盖破碎。

续表

序号	文物名称	藏品总登记号	时代	来源	材质	尺寸（cm）	重量（g）	数量	修复前状况
247	铜鼎	Y273	汉代	宜昌前坪M69出土	铜	通长20.1，通宽17.1，残高13.8	1170	1	全面锈蚀，表面硬结物，一足缺失，器底孔洞，裂隙。
248	铜鼎	Y274	汉代	宜昌前坪M108出土	铜	通长21.0，通宽16.5，通高17.1	1340	1	全面锈蚀，变形，口沿、腹、一耳残，孔洞，裂隙。
249	铜卮盖	Y279	汉代	宜昌前坪M81出土	铜	口径12.1，通高2.3	93	1	全面锈蚀，五处孔洞。
250	铜釜	Y281	汉代	宜昌前坪M109出土	铜	通长21.8，通宽19.2，残高16.1	720	1	全面锈蚀，表面硬结物，口沿、器腹残。
251	铜鍪	Y282	汉代	宜昌前坪M73出土	铜	长21.2，宽17.2，残高14.2	560	1	全面锈蚀，口沿、底残，孔洞。
252	铜壶	Y288	汉代	宜昌前坪M76出土	铜	长17.4，宽16.7，残高20.6	1420	1	全面锈蚀，底残，器腹严重残缺，裂隙。
253	铜熏	Y289	汉代	宜昌前坪M76出土	铜	/	510	1	全面锈蚀，严重变形，破碎。
254	铜洗	Y291	汉代	宜昌前坪谭家包M57出土	铜	腹径27.9，通高14.5	1610	1	全面锈蚀，口沿、腹残，裂隙。
255	铜盆	Y294	汉代	宜昌前坪M101出土	铜	口径26.8，通高10.3	970	1	全面锈蚀，表面硬结物，瘤状物，器腹孔洞。
256	铜鍪	Y295	汉代	宜昌前坪M83出土	铜	残高9.9	880	1	全面锈蚀，变形，断裂，残缺。
257	铜壶	Z467	西汉	宜昌前坪M74出土	铜	腹径16.3，通高22.7	1160	1	全面锈蚀，器腹孔洞。
258	铜鼎	Z216	西汉	宜昌前坪出土	铜	腹径18.0，通高12.8	1380	1	全面锈蚀，腹、底硬结物，瘤状物，器底裂隙，孔洞。
259	铜鼎	Z212	西汉	宜昌前坪M73出土	铜	腹径17.8，通高14.2	1740	1	全面锈蚀。
260	铜熏	Z468	西汉	宜昌前坪谭家包出土	铜	盘径10.5，残高19.6	1060	1	全面锈蚀，表面硬结物，熏盘变形，盘、柄断裂。
261	铜盆	Z466	西汉	宜昌前坪朱家包出土	铜	腹径29.0，通高11.1	1160	1	全面锈蚀，变形，裂隙。
262	铜镜	Z224	西汉	宜昌前坪M64出土	铜	直径11.0，厚0.5	110	1	全面锈蚀，粉状有害锈，断裂，粘接痕迹明显。

序号	文物名称	藏品总登记号	时代	来源	材质	尺寸（cm）	重量（g）	数量	修复前状况
263	铜镜	Y698	晋代	宜昌前坪M80出土	铜	直径23.2，厚1.2	470	1	全面锈蚀，粉状有害锈，碎片，粘接痕迹明显。
264	铜镜	Y699	东汉	宜昌前坪M74出土	铜	/	240	1	全面锈蚀，破碎。
265	铜镜	Y700	东汉	宜昌前坪M73出土	铜	/	110	1	全面锈蚀，破碎。
266	铜镜	Y701	东汉	宜昌前坪M104出土	铜	/	40	1	全面锈蚀，仅存三块。
267	铜镜	Y703	东汉	宜昌前坪M43出土	铜	直径9.6，厚0.3	60	1	全面锈蚀，镜缘缺失一小块。
268	铜镜	Y705	东汉	宜昌市西坝出土	铜	直径12.2，厚0.8	270	1	全面锈蚀，断裂为三块，孔洞。
269	铜镜	Y716	汉代	宜昌前坪M59出土	铜	直径14.4，厚0.8	170	1	全面锈蚀，破碎。
270	铜镜	Y717	汉代	宜昌前坪天灯包M83出土	铜	直径11.7，厚0.7	170	1	全面锈蚀，破碎，粘接痕迹明显。
271	铜镜	Y718	汉代	宜昌前坪M70出土	铜	直径10.5，厚0.1	60	1	全面锈蚀，破碎，粉状有害锈。
272	铜镜	Y720	唐代	宜昌前坪M71出土	铜	直径9.4，厚1.2	150	1	全面锈蚀，断裂，孔洞，残缺。
273	铜镜	Y723	战国	宜昌前坪M72出土	铜	直径14.0，厚0.7	260	1	全面锈蚀，断裂，粘接痕迹明显，孔洞。
274	铜镜	Y724	西汉	宜昌前坪M70出土	铜	直径11.5，厚0.6	110	1	全面锈蚀，断裂，孔洞，粉状有害锈。
275	铜镜	Y725	战国	宜昌前坪M71出土	铜	直径14.2，厚0.7	280	1	全面锈蚀，破碎，粘接痕迹明显，粉状有害锈。
276	铜镜	Y726	汉代	宜昌前坪M70出土	铜	直径13.6，厚0.7	180	1	全面锈蚀，破碎，粉状有害锈满布。
277	铜镜	Y727	汉代	宜昌前坪M76出土	铜	直径16.8，厚1.6	490	1	全面锈蚀，破碎，粉状有害锈。
278	铜镜	Y728	汉代	宜昌前坪M76出土	铜	直径12.5，厚0.8	130	1	全面锈蚀，断裂，粘接痕迹明显。
279	铜镜	Y729	汉代	宜昌前坪M75出土	铜	厚0.5	320	1	全面锈蚀，破碎。
280	铜鍪	Y247	汉代	宜昌前坪采集	铜	腹径23.2，残高13.9	470	1	全面锈蚀，口沿、上腹、底残缺，裂隙。

续表

序号	文物名称	藏品总登记号	时代	来源	材质	尺寸（cm）	重量（g）	数量	修复前状况
281	铜扁壶	Y249	汉代	宜昌前坪采集	铜	腹长31.9，腹宽10.5，残高21.8	1680	1	全面锈蚀，口沿、底严重残缺，断裂。
282	铜环	Y822	唐代	秭归树坪M2出土	铜	直径3.5，厚0.2	10	1	全面锈蚀，粉状有害锈。
283	铜璜	Y823	唐代	秭归树坪M2出土	铜	通长12.0，通宽4.1，厚0.5	65	1	全面锈蚀，粉状有害锈满布。
284	铜璜	Y824	唐代	秭归树坪M2出土	铜	通长11.8，通宽4.3，厚0.6	62	1	全面锈蚀，粉状有害锈满布。
285	铜璜	Y825	唐代	秭归树坪M2出土	铜	通长12.0，通宽3.8，厚0.5	58	1	全面锈蚀，粉状有害锈。
286	铜璜	Y826	唐代	秭归树坪M2出土	铜	通长11.8，通宽4.0，厚0.5	61	1	全面锈蚀，粉状有害锈满布。
287	铜牌饰	Y827	唐代	秭归树坪M2出土	铜	通长8.8，通宽4.8，厚0.6	76	1	全面锈蚀，粉状有害锈满布。
288	铜镜	Y829	唐代	秭归树坪征集	铜	通长8.1，通宽6.8，厚0.6	89	1	全面锈蚀，表面硬结物。
289	铜带钩	Y47	六朝	秭归卜庄河M156出土	铜	通长12.8，钮径2.3	94	1	全面锈蚀。
290	铜带钩	Y48	六朝	秭归卜庄河M33出土	铜	通长17.8，钮径1.1	67	1	全面锈蚀。
291	铜鼎	Y283	汉代	秭归卜庄河M153出土	铜	残长24.1，残宽19.2，残高9.8	1540	1	全面锈蚀，破碎。
292	铜鍪	Y287	汉代	秭归卜庄河M83出土	铜	腹径23.0，通高16.7	1240	1	全面锈蚀，表面硬结物，口沿残。
293	铜鼎	Z613	汉代	秭归卜庄河M153出土	铜	腹径16.2，通高19.0	1640	1	全面锈蚀，表面硬结物，器盖变形，断裂。
294	铜钫	Z610	汉代	秭归卜庄河M83出土	铜	通高27.4	1510	1	全面锈蚀，一侧器腹内陷变形，残缺。
295	铜镜	Y749	东汉	秭归卜庄河M142出土	铜	直径11.7，厚0.8	210	1	全面锈蚀，仅存一半，粉状有害锈满布。
296	铜环	Y771	西汉	秭归卜庄河M116出土	铜	直径2.7，厚0.4	17	2	全面锈蚀，表面硬结物，一环断为三段。
297	铜带钩	Y775	汉代	秭归卜庄河M39出土	铜	通长5.5，通宽1.4，高1.6	17	1	全面锈蚀，表面硬结物，圆钮断裂。

序号	文物名称	藏品总登记号	时代	来源	材质	尺寸（cm）	重量（g）	数量	修复前状况
298	铜削刀	Y782	汉代	秭归卜庄河M102出土	铜	厚0.6	55	1	全面锈蚀，破碎。
299	"王匡"铜印章	Y783	汉代	秭归卜庄河M13出土	铜	通长2.7，通宽1.2，厚1.3	24	1	全面锈蚀，表面硬结物。
300	鎏金铜套足	Y786	汉代	秭归卜庄河M78出土	铜	通长2.3，通宽1.6，通高1.3	18	3	全面锈蚀，表面硬结物。
301	铜把扣	Y787	汉代	秭归卜庄河M82出土	铜	通长7.8，通宽2.1，厚0.1	7	3	全面锈蚀，断裂。
302	铜洗	Y240	晋代	宜昌星火路M4出土	铜	口径22.6，通高10.5	440	1	全面锈蚀，口沿、腹仅存三分之一，裂陷。
303	"富贵昌宜"鱼纹铜盆	Y271	汉代	宜昌土城窖藏出土	铜	口径42.8，残高16.3	4730	1	全面锈蚀，器腹严重残缺，口、底断裂为两部分。
304	铜盘	Y284	汉代	宜昌土城窖藏出土	铜	口径36.4，通高8.6	4080	1	全面锈蚀，断裂为两部分。
305	铜碗	Y238	南北朝	宜昌机床厂M4出土	铜	口径16.5，通高4.6	210	1	全面锈蚀，层状剥离，底部孔洞。
306	铜剑	Y140	战国	宜昌市湖北钢球厂出土	铜	通长49.1，宽4.1	590	1	全面锈蚀，粉状有害锈满布。
307	铜镜	Z270	唐代	原宜昌市文物处移交	铜	直径16.2，厚1.2	550	1	全面锈蚀，断裂，粘接痕迹明显，残缺。
308	铜戟	Y155	南北朝	松滋县废旧品拣选	铜	通长16.4，通宽7.0，厚1.6	80	1	全面锈蚀。
309	铜剑	Y158	战国	宜昌前坪征集	铜	通长50.9，通宽5.1	820	1	全面锈蚀，刃部残缺。
310	铜锄	Y239	汉代	湖北均县征集	铜	通长11.6，通宽9.4，厚1.9	250	1	全面锈蚀，表面硬结物，粉状有害锈，刃部一角残。
311	铜镳壶	Y244	汉代	宜昌前坪出土	铜	通长20.9，通宽17.5，通高11.3	920	1	全面锈蚀，表面硬结物，一足缺失，流口稍残。
312	铜壶	Y260	汉代	原宜昌市文物处移交	铜	腹径16.9，通高18.9	1130	1	全面锈蚀，表面硬结物。
313	铜剑	Y652	战国	原宜昌市文物处移交	铜	通长47.8，通宽4.6，通高2.6	540	1	全面锈蚀，剑身断裂为三段。
314	铜剑	Y653	战国	湖北均县征集	铜	残长51.6，通宽3.4，厚0.8	580	1	全面锈蚀，剑身断裂为三段，锋、刃、格残缺。

续表

序号	文物名称	藏品总登记号	时代	来源	材质	尺寸（cm）	重量（g）	数量	修复前状况
315	铜镜	Y713	明代	宜昌市第二砖瓦厂采集	铜	直径24.2，厚0.8	730	1	全面锈蚀，裂隙，变形。
316	铜镜	Y715	汉代	原宜昌市文物处移交	铜	直径13.9，厚1.1	380	1	全面锈蚀，断裂，粘接痕迹明显。
317	铜镜	Y731	六朝	宜昌前坪M111出土	铜	直径11.0，厚0.5	160	1	全面锈蚀，破碎，粉状有害锈。
318	铜镜	Y732	南宋	原宜昌市文物处移交	铜	直径16.3，厚0.6	400	1	全面锈蚀，表面硬结物，缺失一角，变形。
319	铜镜	Y733	晋代	原宜昌市文物处移交	铜	直径13.9，厚1.0	260	1	全面锈蚀，断裂，粘接痕迹明显，残缺。
320	铜镜	Y735	晋代	原宜昌市文物处移交	铜	直径15.3，厚1.6	350	1	全面锈蚀，破碎。
321	铜镜	Y736	宋代	宜昌市废旧公司回收	铜	直径13.7，厚1.4	170	1	全面锈蚀，表面硬结物，断裂，残缺。
322	铜镜	Y738	东汉	原宜昌市文物处移交	铜	直径12.0，厚1.2	200	1	全面锈蚀，破碎，粘接痕迹明显。
323	铜镜	Y739	东汉	宜昌前坪M112出土	铜	直径18.0，厚1.4	550	1	全面锈蚀，破碎，粘接痕迹明显，粉状有害锈。
324	铜镜	Y743	宋代	原宜昌市文物处移交	铜	直径12.6，厚0.4	320	1	全面锈蚀，表面硬结物。
325	铜勺	Z208	西汉	宜昌前坪M107出土	铜	盘径9.8	100	11	全面锈蚀，表面硬结物，勺盘孔洞。
326	铜匕首	Z266	春秋	当阳金家山M34出土	铜	通长31.1，身宽3.87	180	11	全面锈蚀，首残。
327	铜盆	Z603	西汉	宜昌土城窖藏出土	铜	腹径19.3，通高7.0	470	11	全面锈蚀，口沿稍残。
328	铜蒜头壶	Z267	西汉	宜昌前坪M105出土	铜	通高27.9	1080	1	全面锈蚀，表面硬结物，粉状有害锈，器腹裂隙，孔洞。
329	铜剑	Y25687	东汉	宜昌后坪M53出土	铜	通长25.7	660	1	全面锈蚀，首残，剑身断为三段。
330	铜矛	Y2430	战国	当阳乌龟包M1出土	铜	通长17.4，通宽3.1，通高2.1	120	1	全面锈蚀。
331	铜剑	Y2434	战国	当阳乌龟包M1出土	铜	通长42.0，通宽4.9，通高3.6	380	1	全面锈蚀。
332	铜戈	Y2440	战国	当阳乌龟包M1出土	铜	通长17.4，通宽9.8，厚0.9	180	1	全面锈蚀，裂隙。

序号	文物名称	藏品总登记号	时代	来源	材质	尺寸（cm）	重量（g）	数量	修复前状况
333	铜戈	Y2446	战国	当阳乌龟包M1出土	铜	通长29.9，通宽14.0，厚1.0	290	1	全面锈蚀。
334	铜镜	Y737	东汉	宜昌市西坝出土	铜	直径19.0，厚1.3	180	1	全面锈蚀，断裂。
335	铜釜	Y256	汉代	宜昌土城窖藏出土	铜	通长42.0，通宽37.1，残高26.6	4220	1	全面锈蚀，表面硬结物，口沿、底残。
336	铜鍪	Y245	汉代	秭归卜庄河M66出土	铜	残高10.3	2100	1	全面锈蚀，表面硬结物，腹残，裂隙。
337	铜镜	Y721	唐代	宜昌前坪M71出土	铜	直径13.5，厚1.7	180	1	全面锈蚀，破碎，粘接痕迹明显。
338	鱼形铜饰	Y909	春秋	当阳曹家岗M5出土	铜	通长6.1，通宽1.2，厚0.2	100	23	全面锈蚀，矿化，局部残缺。
339	铜鼎	Y286	春秋	枝江高山庙M15出土	铜	/	2980	1	全面锈蚀，破碎。
340	铜镜	Y719	汉代	宜昌前坪M80出土	铜	直径13.6，厚0.8	150	1	全面锈蚀，破碎，孔洞。

第三节　项目概况

　　宜昌博物馆委托国家博物馆文物科技保护中心、北京鉴衡文物修复中心，于2013年2月、2014年7月分别成立保护修复方案编制项目小组。开展现场调查、收集相关文物信息资料、拍照、检测采样、绘图、病害分析等前期工作，依据《馆藏金属文物保护修复方案编制规范》等相关要求，编制了《宜昌博物馆馆藏青铜器保护修复方案》《宜昌博物馆馆藏金属文物保护修复方案》。上报湖北省文物局、国家文物局评审通过（文物博函〔2013〕810号、文物博函〔2015〕1934号）（图1-2，1-3）。

　　两个方案共获批国拨重点文物保护专项经费516万元。根据国家文物局批复意见，宜昌博物馆委托北京鉴衡文物修复中心作为项目实施单位，分别于2014年3月、2015年11月开始该项目的保护修复工作，使深藏库房因残缺等原因无法与观众见面的两批金属文物得以修复。

图1-2　宜昌博物馆馆藏青铜器保护修复方案批复　　图1-3　宜昌博物馆馆藏金属文物保护修复方案批复

一、宜昌博物馆馆藏青铜文物保护修复（第一批，122 件 / 套）

（一）76 件 / 套

1. 项目准备及申报

2013 年 2 月，宜昌博物馆对馆藏的各个时期金属文物进行了文物资料的收集整理，从中挑选出 76 件 / 套青铜文物拟进行保护修复，委托国家博物馆文物科技保护中心编制了《宜昌博物馆馆藏青铜文物保护修复方案》，2013 年湖北省文物局（鄂文物发〔2013〕52 号）上报至国家文物局参与评审。

2013 年 6 月 4 日，国家文物局批复《关于湖北省宜昌市馆藏青铜器等 3 项保护修复方案的批复》（文物博函〔2013〕810 号）同意实施该方案。

2013 年 12 月，湖北省财政厅以《省财政厅关于下达 2013 年国家重点文物保护专项补助经费的通知》（鄂财教发〔2013〕126 号）下拨专项经费 83 万元，用于我馆馆藏青铜文物的修复。

2014 年 1 月，项目经费下拨至宜昌博物馆。

2. 项目启动

2014 年 3 月，我馆和北京鉴衡文物修复中心开始文物修复的前期准备工作，主要包括必要的文字资料整理、器物拍照、拟定合同、博物馆修复室改造、保护修复工具材料及设备准备等。

4 月 10 日，将 76 件 / 套青铜文物移交北京鉴衡文物修复中心。该中心派专家和技术人员根据实际情况分两地（北京和宜昌）对其进行保护修复。修复过程安排保管部董清丽、地面文物保护部税元斌参与学习。

（二）后续 46 件 / 套（实际数量 52 件）

1. 项目准备及申报

2014 年 10 月，湖北省财政厅以《省财政厅关于下达 2014 年国家重点文物保护专项补助经费的通知》下拨专项经费 34 万元（宜昌博物馆馆藏青铜文物保护修复补充经费），用于馆藏青铜文物的修复。因 76 件 / 套青铜文物保护修复已经结项验收，我馆另挑选 46 件 / 套急需修复的馆藏金属文物，委托北京鉴衡文物修复中心编制 2014 年度《湖北省宜昌博物馆馆藏金属文物保护修复方案》报湖北省文物局立项。2015 年 1 月 18 日湖北省文物局召开专家评审会，与会专家一致同意通过立项评审。

2. 项目启动

2015 年 1 月 25 日，与北京鉴衡文物修复中心签订《湖北宜昌博物馆馆藏金属文物保护修复合同》，保护修复金属文物 46 件 / 套。

2015 年 1 月 26 日，经请示湖北省文物局博物馆处同意，将该批文物押运至北京鉴衡文物修复中心进行保护修复。终期评估工作与 218 件 / 套馆藏金属文物保护修复项目一起验收。

二、宜昌博物馆馆藏金属文物保护修复（第二批，218 件 / 套 实际数量 329 件）

1. 项目准备及申报

2014 年 7 月，宜昌博物馆挑选 218 件 / 套金属文物拟进行保护修复，委托中国国家博物馆文物科技保护中心、北京鉴衡文物修复中心编制了《宜昌博物馆馆藏金属文物保护修复方案》，我馆组织专业人员参与方案编写、资料录入、绘图、照相等基础工作。2015 年湖北省文物局（鄂文物发 [2015]7 号）上报至国家文物局待评。

2015 年 4 月 29 日，国家文物局正式批复《关于宜昌博物馆馆藏瓷器和金属文物保护修复方案的批复》（文物博函〔2015〕1934 号）同意实施该方案。

2015 年 10 月，湖北省财政厅以《省财政厅关于下达 2015 年国家重点文物保护专项补助经费的通知》（鄂财教发〔2015〕125 号）下拨专项经费 398 万元，用于馆藏金属文物的修复。

2. 项目启动

2015 年 11 月 30 日，宜昌博物馆与北京鉴衡文物修复中心签订《湖北宜昌博物馆馆藏金属文物保护修复合同》后。我馆委托华协国际珍品货运服务有限公司押运该批文物至北京鉴衡文物修复中心，进行保护修复。为培养宜昌博物馆文物修复人才，加大对本馆金属文物修复、保养及利用力度，在修复期间我馆安排董清丽、税元斌全程参与项目实施，在实施过程中加深对文物修复、保护方面的业务技能，深入了解金属文物保养等方面的知识，同时学习金属文物利用上的各种方法。

第四节　文物价值

两次修复的340件/套金属文物，时代上至西周中期，下至明代，是研究宜昌区域历史的珍贵实物资料。

先秦时期的文物包含有乐器、礼器、生活用器、生产工具、兵器等，以早期楚文化为主，巴文化次之，时代气息浓烈，价值取向清晰。范铸特征明显，纹饰繁复精美。是当时当地社会、政治、文化、科技、艺术、军事等各方面研究的实物见证。

早期楚文化的铜鼎和甬钟整体造型还存在浓厚的中原周文化元素，其出土地点及同地层出土的陶器等共同透露出楚人融合各种文化创造性的特点，尤其铭文的发现，更为我们探索早期楚文化注入了强心针，将探索早期楚文化的热潮推向了新阶段。

典型楚文化的金属文物中包含有起源于春秋中期的鼎、簠、缶组合及起源于春秋晚期的鼎、敦、壶组合，匜、钫、罍、盏、戈、矛、剑、铜镜等也是目前断代的典型器物。其种类齐全，文化性质明晰、时代特征鲜明，制作精美，是典型楚文化形成的实物证明。在器物的外观及形态上，采用镂雕、浮雕的花纹和细如发丝的精美纹饰镶嵌金丝和绿松石的一些塑造技术；铸造特征上采用分铸、铸接、焊接，销接等多种工艺技术于一体，充分反映了楚国兴盛时期科学技术的成就。这批青铜器的出土，为早期楚文化到典型楚文化的形成发展过程的判定树立了一个断代的标尺，为研究楚国早期的政治、经济、文化，提供了强有力的珍贵实物资料。

战国时期巴文化遗物如鍪、錞于、柳叶剑等与楚文化遗物或独立出土，或同时出土，是宜昌地区在战国时期非巴非楚、亦巴亦楚的真实历史写照。

秦汉以降的金属文物在宜昌境内的墓葬中多有出土。考古发掘简报、报告在一些专业刊物上发表，引起了学术界的高度重视和关注，研究引用相当广泛，一些文物成为断代的参照物，这批金属文物器形演变脉络清晰、种类齐全、系统性强，而且融中原秦汉和楚文化特征于一体。至秦开始周代礼制制度崩溃以后，过去被赋予政治属性的青铜器已较少存在，一些日常生活用品，如鼎、钫、釜、壶、甋等器皿，逐步趋向实用化，因而省略了以往繁复的花纹装饰及造型上的考究，这是时代变革的产物。

我馆充分挖掘本批金属文物内涵，深入剖析文物背后的故事，在《巴楚夷陵》《千载峡州》展厅进行展示，赢得了社会各界及各类媒体的广泛关注，好评如潮，打造了靓丽的城市文化名片，市场美誉度稳步提升；我馆成为城市文化新地标，人气指数持续攀升，携程、美团、宜昌发布、魅力新城伍家岗等多有推介。

第二章
馆藏金属文物病害调查与研究

第一节　文物保存环境调查

一、宜昌地区环境

宜昌位于湖北省西南部，处于长江上、中游的分界点。地形复杂，西部山地，中部丘陵，东部平原。水系发达，河网密布，长江、清江、沮漳河、黄柏河、香溪河等川流不息。

地处中纬度，四季分明，年平均降水量为 992.1~1404.1 毫米之间。雨水丰沛，雨热同季，全年积温较高，无霜期较长，但随着海拔高度上升而递减。年平均气温为 16.8℃，7 月平均气温 24.1℃～28.8℃，1 月平均气温 1.7℃～6.5℃。极端最高气温 41.4℃，最低气温 –15.6℃。

空气主要污染物为可吸入颗粒物，其次为二氧化硫、二氧化氮等。可吸入颗粒物年均值均达到《环境空气质量标准》（GB3095–1996）Ⅱ级标准。

总体来说，宜昌市属亚热带季风性湿润气候，空气湿度高、波动幅度大。

二、宜昌博物馆保存和展览环境

宜昌博物馆藏品管理本着"保护为主，抢救第一，合理利用，加强管理"的指导方针开展各项工作。按照《博物馆藏品管理办法》的相关规定，馆藏一级、二级、三级藏品入囊匣入柜保管，并建立文物藏品档案备案和电子文本；藏品保管制度健全、账物相符、编目详明。

金属文物在库房、展厅内保存、展示。宜昌博物馆老馆的陈列楼是一幢三层仿古建筑。陈列照明光源为自然光和日光灯。藏品库房为砖混结构。文物均存放在木柜、铁柜、展柜内。库房、展厅仅配有防虫等基本设施；内部均安装了视频监控、红外线报警、灭火器等安全消防设施；有专业安保人员全天 24 小时负责安全保卫工作，在馆内外安装防盗监控系统和闭路电视监控系统，并与公安部门"110"联网；进行季度安全检查，犬防结合，严防死守，保障博物馆安全（特别是文物安全）事故零发生。同时，藏品部制定有详细明确的文物库房管理制度、文物藏品管理制度、出入库房人员管理制度等规章制度。尽管如此，仍然存在以下三方面的问题（图 2-1，2-2）：

（1）库房、展厅未安装空调系统，无恒温恒湿保护装置与措施。馆藏环境与大的地域环境相一致，年均温度 16℃，最高温度 38℃，最低温度 8℃。年均相对湿度 67%，最高相对湿度 98%，最低相对湿度 40%。完全处于一种原生态、纯自然状态，其温湿度变化较大，不宜于金属文物的长久保存。

（2）库房面积小，不同质地的文物无法分库保存。

（3）单个文物的保存缺乏必要的包装器具或保存柜，如囊匣、密封盒（箱）等，未定级文物和一般文物都是裸放在简易文物架上。

图 2-1　金属文物老馆展厅展示

图 2-2　金属文物老馆库房保存

第二节 金属文物现状调查

一、保存现状和病害统计

这些金属文物入藏后未做过系统的保护修复，只是部分做过基本的表面清理。由于库房客观条件的限制，通风不良，仅依靠自然大气环境条件，文物多为密集摆放等一系列不利于金属文物保存的因素导致了残缺、变形、锈蚀、断裂、粉状有害锈、表面硬结物、锡疫等金属文物常见病害。为了更好地了解文物病害特征及程度，我们对 340 件 / 套金属文物逐一进行了病害检查和个体情况分析，并将检查结果按照病害类型进行分类计件统计。见表 2-1。

表 2-1 铜质文物病害数量统计表（单位：件 / 套）

一、333 件 / 套青铜器			
序号	病害类型	数量	备注
1	硬结物	142	
2	残缺	126	
3	严重残缺	20	
4	变形	33	
5	破碎	40	
6	孔洞	49	
7	裂隙、断裂	140	
8	矿化	21	
9	粉状有害锈	51	
10	卷翘、脱落	6	
11	层状剥离	9	
12	层状堆积、瘤状物	7	
二、5 件 / 套铁器			
序号	病害类型	数量	备注
1	全面锈蚀	5	
2	表面硬结物	5	
3	酥粉破碎	1	

4	断裂	1	
5	瘤状物	1	
6	残缺	2	
7	层状剥离	2	
三、2件/套锡器			
序号	病害类型	数量	备注
1	锡疫	2	
2	变形	2	
3	残缺	2	

333件/套青铜器：一是大都存在锈蚀的情况，但个体锈蚀程度有差异；二是存在严重的因外力造成的残缺、变形、裂隙、破碎等物理损害；三是因地下水、微生物、土壤的影响而产生的生物、化学危害，主要表现为表面硬结物、层状剥离、脱落、层状堆积等；四是部分器物上还发现了粉状有害锈。这些病害往往是几种同时存在，加之库房、展厅环境有限，非常不利于青铜文物的保存，尤其是粉状有害锈的存在，对青铜器本体保存更是巨大的威胁。见表2-2。

表2-2　青铜文物病害统计表（单位：件/套）

序号	藏品号	文物名称	全面锈蚀	表面硬结物	残缺	严重残缺	变形	破碎	孔洞	裂隙、断裂	矿化	粉状有害锈	卷翘、脱落	层状剥离	层状堆积、瘤状物
001	Z22	铜斗	√						√						
002	Z4	铜盒	√	√	√		√			√					
003	Z9-1	错银铜矛镈	√	√							√	√			
004	Z9-2	错金银铜矛镈	√		√						√		√		
005	Z9-3	错金银铜矛镈	√								√		√		
006	Z10	铜牌饰	√									√	√		
007	Z62-1	铜杖首	√	√								√			
008	Z62-2	错金铜镈	√		√						√				
009	Z11	铜车軎	√								√		√		
010	Z24	铜钺	√	√						√					

续表

序号	藏品号	文物名称	全面锈蚀	表面硬结物	残缺	严重残缺	变形	破碎	孔洞	裂隙、断裂	矿化	粉状有害锈	卷翘、脱落	层状剥离	层状堆积、瘤状物
011	Z61	铜带钩	√	√											
012	Z8	铜缶	√	√	√					√					
013	Z23	铜釜	√		√										
014	Y721	铜镜	√					√							
015	Z60	包金箔铜饰片	√		√					√				√	
016	Z2	铜鼎	√												
017	Z1	铜鼎	√				√								
018	Z7	错金银铜矛镦	√									√		√	
019	Z234	铜盆	√	√			√								
020	Z606	铜盘	√	√			√								
021	Z615	铜洗	√	√	√				√						
022	Y228	铜鼎	√				√								
023	Z215	铜鼎	√	√	√										
024	Z223	铜鍪	√	√	√		√		√						
025	Y245	铜鍪	√	√					√						
026	Z223	铜鍪	√	√	√					√					
027	Z213	铜鼎	√	√	√								√		√
028	Z516	铜蒜头壶	√	√						√					
029	Z624	铜壶	√	√		√				√			√		
030	Z147	铜戈	√	√											√
031	Z153	铜戈	√											√	
032	Y81	铜斧	√							√	√				
033	Y859	铜戈	√	√						√					
034	Z236	铜瓢	√	√											

续表

序号	藏品号	文物名称	全面锈蚀	表面硬结物	残缺	严重残缺	变形	破碎	孔洞	裂隙、断裂	矿化	粉状有害锈	卷翘脱落	层状剥离	层状堆积、瘤状物
035	Z233	铜盆	√	√											
036	Y256	铜釜	√	√		√									
037	Y229	铜鼎	√	√		√	√							√	
038	Z426	铜鼎	√	√	√		√								
039	Z424	铜浴缶	√	√	√				√	√					
040	z422	铜盘	√	√			√		√						√
041	Y278	铜簠	√	√	√		√			√					
042	Z465	铜壶	√	√	√				√						
043	Z128	铜洗	√												
044	Z130	铜錞于	√	√					√						
045	Z214	铜鼎	√		√		√								
046	Z229	铜洗	√				√		√	√					
047	Z320	铜熏	√	√	√										
048	Z598	铜剑	√		√										
049	Z105	铜镜	√							√					
050	Z514	铜镜	√							√					
051	Z141	铜镜	√	√					√	√					
052	Z462	铜镜	√									√			
053	Z515	铜镜	√							√					
054	Y722	铜镜	√			√		√				√			
055	Y737	铜镜	√	√	√				√	√					
056	Z472	铜盏	√	√			√							√	
057	Z425	铜匜	√	√	√		√							√	
058	Z15	铜杯	√									√		√	

续表

序号	藏品号	文物名称	全面锈蚀	表面硬结物	残缺	严重残缺	变形	破碎	孔洞	裂隙、断裂	矿化	粉状有害锈	卷翘、层状脱落	层状剥离	层状堆积、瘤状物
059	Z18	铜镜	√	√											
060	Z19	铜锁形器	√	√	√							√			
061	Z132	铜矛	√		√										
062	Z65	镶嵌绿松石铜剑	√	√											
063	Z25	铜匜	√	√											
064	Z146	铜盘	√	√	√		√								
065	Z5	"许之造"铜戈	√	√											
066	Z451	铜车軎	√	√	√										
067	Z219	铜方策	√	√	√										
068	Z235	铜釜	√	√											
069	Z548	铜戈	√	√								√		√	
070	Z458	铜镜	√	√						√		√			
071	Z226	铜镜	√	√						√					
072	Z225	铜镜	√	√					√	√					
073	Z272	铜镜	√	√						√		√			
074	Z472	铜盏	√	√	√										
075	Z600	铜剑	√	√						√					
076	Z610	铜钫	√	√								√			
077	Y150	铜剑	√		√							√			
078	Y693	铜镜	√		√					√					
079	Y745	铜镜	√	√	√										
080	Y989	铜剑	√	√								√			
081	Y991	铜戈	√	√							√	√			
082	Y133	铜戈	√		√										

续表

序号	藏品号	文物名称	全面锈蚀	表面硬结物	残缺	严重残缺	变形	破碎	孔洞	裂隙、断裂	矿化	粉状有害锈	卷翘、脱落	层状剥离	层状堆积、瘤状物
083	Y2005	铜剑	√	√						√					
084	Y2006	铜剑	√							√					
085	Y2008	铜剑	√		√					√		√			
086	Y2009	铜剑	√		√					√		√			
087	Y2011	铜剑	√		√					√		√			
088	Y2012	铜戈	√							√					
089	Y2056	铜剑	√	√						√					
090	Y2057	铜剑	√	√						√					
091	Y2059	铜剑	√	√						√		√			
092	Y2063	铜剑	√		√					√					
093	Y2064	铜剑	√		√					√					
094	Y2220	铜带钩	√	√						√					
095	Y2258	铜鍪	√					√							
096	Y2431	铜剑	√						√	√					
097	Y2432	铜剑	√							√					
098	Y2435	铜剑	√							√					
099	Y2436	铜戈	√							√					
100	Y2437	铜戈	√							√					
101	Y2441	铜戈	√							√					
102	Y2447	铜戈	√							√					
103	Y2461	铜盖弓帽	√			√									
104	Y2467	铜合页	√	√	√					√					
105	Y2469	铜合页	√	√	√					√					
106	Y2707	虎形铜带钩	√									√			

序号	藏品号	文物名称	全面锈蚀	表面硬结物	残缺	严重残缺	变形	破碎	孔洞	裂隙、断裂	矿化	粉状有害锈	卷翘、脱落	层状剥离	层状堆积、瘤状物
107	Y2708	铜带钩	√	√								√			
108	Y2709	铜权	√	√								√			
109	Y2710	铜冠顶	√	√								√			
110	Y2711	铜镜	√	√		√						√			
111	Y2713	铜镜	√	√	√					√		√			
112	Y2714	铜钫	√	√						√					
113	Y2715	铜鼎	√	√						√					
114	Y2716	铜鼎	√	√						√					
115	Y2717	铜钫	√	√						√					
116	Y285	铜勺	√		√			√		√				√	
117	Y2719	铜鼎	√	√						√					
118	Y2722	铜盏	√							√	√				
119	Y2723	铜鼎	√	√						√					
120	Y2727	铜弩机	√	√						√					
121	Y256	铜釜	√	√	√										
122	Y245	铜鏊	√	√	√					√					
123	Y227	乳丁纹铜甬钟	√		√					√					
124	Y226	云纹乳丁铜甬钟	√		√					√					√
125	Y225	雷纹铜甬钟	√		√					√					
126	Y221	变形鸟纹铜甬钟	√		√					√					√
127	Y223	雷纹铜甬钟	√		√					√					
128	Y218	雷纹铜甬钟	√		√					√					
129	Y222	雷纹铜甬钟	√		√					√					
130	Y224	雷纹铜甬钟	√		√					√					

续表

序号	藏品号	文物名称	全面锈蚀	表面硬结物	残缺	严重残缺	变形	破碎	孔洞	裂隙、断裂	矿化	粉状有害锈	卷翘、脱落	层状剥离	层状堆积、瘤状物
131	Y217	"楚季"铜甬钟	√		√					√					
132	Y220	雷纹铜甬钟	√		√					√					
133	Y219	雷纹铜甬钟	√		√					√					
134	Y228	兽面纹铜鼎			√					√		√			
135	Y280	铜钫	√		√										
136	Y135	铜剑	√							√		√			
137	Y138	铜剑	√							√		√			
138	Y139	铜剑	√							√					
139	Y143	铜剑	√	√	√										
140	Y144	铜剑	√		√					√					
141	Y145	铜剑	√		√					√					
142	Y147	铜剑	√							√					
143	Y148	铜匕首	√		√					√					
144	Y153	铜戈	√		√					√	√				
145	Y154	铜戈	√		√					√	√				
146	Y250	铜钫	√	√		√									
147	Y264	铜敦	√			√	√			√					
148	Y275	铜鼎	√		√					√	√				
149	Y149	铜剑	√	√	√							√			
150	Z175	铜剑	√							√					
151	Z180	铜剑	√							√					
152	Z168	铜剑	√							√					
153	Z181	铜剑	√							√					
154	Z203	铜戈	√		√							√			

序号	藏品号	文物名称	全面锈蚀	表面硬结物	残缺	严重残缺	变形	破碎	孔洞	裂隙、断裂	矿化	粉状有害锈	卷翘、脱落	层状剥离	层状堆积、瘤状物
155	Z264	铜匕	√		√				√						
156	Z261	铜矛	√								√			√	
157	Y173	铜马衔	√	√											
158	Y174	铜马衔	√	√											
159	Y198	铜车軎	√	√											
160	Y292	铜鼎	√					√							
161	Y293	铜敦	√					√							
162	Y296	铜钵	√					√							
163	Y864	铜络饰	√							√					
164	Y895	铜箭镞	√		√										
165	Z250	铜车軎	√							√	√				
166	Y907	铜志矢	√		√						√				
167	Y276	铜盏	√	√	√						√				
168	Y861	铜钺	√		√										
169	Y197	铜马镳	√	√											
170	Y863	铜合页	√		√										
171	Y909	鱼形铜饰	√		√								√		
172	Y236	铜钵	√	√		√									
173	Y719	铜镜	√					√	√						
174	Y737	铜镜	√							√					
175	Y277	铜鼎	√	√				√							
176	Y64	凤首铜构件	√		√										
177	Y81	铜钺	√		√										
178	Y84	铜杖饰	√	√	√										

续表

序号	藏品号	文物名称	全面锈蚀	表面硬结物	残缺	严重残缺	变形	破碎	孔洞	裂隙、断裂	矿化	粉状有害锈	卷翘脱落	层状剥离	层状堆积、瘤状物
179	Y85	铜杖饰	√	√	√										
180	Y859	铜戈	√		√					√					
181	Z449	铜戈	√							√					
182	Y730	铜镜	√		√					√		√			
183	Y177	铜车告	√	√	√										
184	Y141	铜剑	√	√	√										
185	Y193	铜马衔	√	√	√										
186	Y866	铜匕首	√							√					
187	Y867	铜匕首	√		√					√					
188	Y874	铜盖弓帽	√							√					
189	Y876	铜铺首衔环	√							√					
190	Y878	铜箭镞	√												
191	Y881	铜箭镞	√							√					
192	Y882	铜带钩	√							√					
193	Y885	铜戈	√							√	√				
194	Y886	铜镜	√			√		√							
195	Y95	铜镜	√	√						√		√			
196	Y96	铜镜	√	√											
197	Y107	铜鼎	√	√	√					√					
198	Y108	铜剑	√		√					√					
199	Y109	铜剑	√		√					√					
200	Y110	铜剑	√		√					√					
201	Y111	铜剑	√	√											

续表

序号	藏品号	文物名称	全面锈蚀	表面硬结物	残缺	严重残缺	变形	破碎	孔洞	裂隙、断裂	矿化	粉状有害锈	卷翘、脱落	层状剥离	层状堆积、瘤状物
202	Y112	铜剑	√	√	√										
203	Y113	铜剑	√	√											
204	Y114	铜剑	√	√	√										
205	Y115	铜剑	√	√	√					√					
206	Y116	铜剑	√	√											
207	Y118	铜戈	√	√	√					√					
208	Y119	铜戈	√						√	√	√				
209	Y120	铜戈	√	√	√					√					
210	Y121	铜戈	√												
211	Y122	铜戈	√												
212	Y123	铜戈	√	√						√					
213	Y124	铜戈	√	√						√					
214	Y125	铜戈	√							√	√				
215	Y126	铜戈	√	√					√		√				
216	Y127	铜戈	√	√					√	√	√				
217	Y128	铜匕首	√							√					
218	Y129	铜匕首	√												
219	Y130	铜矛	√		√										
220	Y242	铜敦	√	√						√					
221	Y243	铜壶	√	√	√		√								
222	Y269	铜鼎	√	√	√					√					
223	Y278	铜簠	√	√				√							
224	Y290	铜熏	√		√					√					
225	Z184	铜剑	√							√					

序号	藏品号	文物名称	全面锈蚀	表面硬结物	残缺	严重残缺	变形	破碎	孔洞	裂隙、断裂	矿化	粉状有害锈	卷翘脱落	层状剥离	层状堆积、瘤状物
226	Y855	铜车饰	√			√									
227	Y231	铜罍	√			√		√							
228	Y261	铜簋	√	√	√		√			√					
229	Y262	铜簋	√	√	√		√		√	√					
230	Y270	铜鼎	√			√				√					
231	Y286	铜鼎	√					√							
232	Y237	铜勺	√	√	√				√	√					
233	Y694	铜镜	√							√					
234	Y232	铜匕	√	√						√					
235	Y235	铜匕	√		√					√					
236	Y241	铜镃斗	√	√				√							
237	Y246	铜盆	√		√		√		√						
238	Y257	铜钫	√		√		√			√					
239	Y258	铜蒜头壶	√		√				√						
240	Y259	铜蒜头壶	√	√	√				√						
241	Y263	铜鍪	√	√	√		√			√					
242	Y265	铜钫	√	√			√	√							
243	Y266	铜钫	√	√			√	√							
244	Y267	铜洗	√						√			√			
245	Y268	铜钫	√	√											
246	Y272	铜鼎	√						√	√					
247	Y273	铜鼎	√	√	√				√	√					
248	Y274	铜鼎	√		√		√		√	√					
249	Y279	铜卮盖	√							√					

序号	藏品号	文物名称	全面锈蚀	表面硬结物	残缺	严重残缺	变形	破碎	孔洞	裂隙、断裂	矿化	粉状有害锈	卷翘、脱落	层状剥离	层状堆积、瘤状物
250	Y281	铜釜	√	√	√										
251	Y282	铜鍪	√		√				√						
252	Y288	铜壶	√			√				√					
253	Y289	铜熏	√				√	√							
254	Y291	铜洗	√		√					√					
255	Y294	铜盆	√	√					√						√
256	Y295	铜鍪	√		√		√			√					
257	Z467	铜壶	√						√						
258	Z216	铜鼎	√	√					√	√					√
259	Z212	铜鼎	√												
260	Z468	铜熏	√	√			√			√					
261	Z466	铜盆	√				√			√					
262	Z224	铜镜	√							√		√			
263	Y698	铜镜	√					√				√			
264	Y699	铜镜	√					√							
265	Y700	铜镜	√					√							
266	Y701	铜镜	√			√									
267	Y703	铜镜	√		√										
268	Y705	铜镜	√						√	√					
269	Y716	铜镜	√		√			√							
270	Y717	铜镜	√					√							
271	Y718	铜镜	√		√			√				√			
272	Y720	铜镜	√		√				√						
273	Y723	铜镜	√							√					

续表

序号	藏品号	文物名称	全面锈蚀	表面硬结物	残缺	严重残缺	变形	破碎	孔洞	裂隙、断裂	矿化	粉状有害锈	卷翘脱落	层状剥离	层状堆积、瘤状物
274	Y724	铜镜	√						√	√		√			
275	Y725	铜镜	√		√			√				√			
276	Y726	铜镜	√					√				√			
277	Y727	铜镜	√					√				√			
278	Y728	铜镜	√							√					
279	Y729	铜镜	√					√							
280	Y247	铜鍪	√			√				√					
281	Y249	铜扁壶	√			√				√					
282	Y822	铜环	√									√			
283	Y823	铜璜	√									√			
284	Y824	铜璜	√									√			
285	Y825	铜璜	√									√			
286	Y826	铜璜	√									√			
287	Y827	铜牌饰	√									√			
288	Y829	铜镜	√	√											
289	Y47	铜带钩	√												
290	Y48	铜带钩	√												
291	Y283	铜鼎	√					√							
292	Y287	铜鍪	√	√											
293	Z613	铜鼎	√	√			√			√					
294	Z610	铜钫	√		√		√								
295	Y749	铜镜	√			√						√			
296	Y771	铜环	√	√						√					
297	Y775	铜带钩	√	√						√					

续表

序号	藏品号	文物名称	全面锈蚀	表面硬结物	残缺	严重残缺	变形	破碎	孔洞	裂隙、断裂	矿化	粉状有害锈	卷翘、脱落	层状剥离	层状堆积、瘤状物
298	Y782	铜削刀	√					√							
299	Y783	"王匡"铜印章	√	√											
300	Y786	鎏金铜套足	√	√											
301	Y787	铜把扣	√							√					
302	Y240	铜洗	√			√				√					
303	Y271	"富贵昌宜"鱼纹铜盆	√			√				√					
304	Y284	铜盘	√							√					
305	Y238	铜碗	√						√					√	
306	Y140	铜剑	√									√			
307	Z270	铜镜	√							√					
308	Y155	铜戟	√												
309	Y158	铜剑	√		√										
310	Y239	铜锄	√	√	√							√			
311	Y244	铜镳壶	√	√	√										
312	Y260	铜壶	√	√											
313	Y652	铜剑	√							√					
314	Y653	铜剑	√		√					√					
315	Y713	铜镜	√				√			√					
316	Y715	铜镜	√							√					
317	Y731	铜镜	√					√				√			
318	Y732	铜镜	√	√	√		√								
319	Y733	铜镜	√		√					√					
320	Y735	铜镜	√					√							
321	Y736	铜镜	√	√	√										

续表

序号	藏品号	文物名称	全面锈蚀	表面硬结物	残缺	严重残缺	变形	破碎	孔洞	裂隙、断裂	矿化	粉状有害锈	卷翘、脱落	层状剥离	层状堆积、瘤状物
322	Y738	铜镜	√		√			√							
323	Y739	铜镜	√					√				√			
324	Y743	铜镜	√	√											
325	Z208	铜勺	√	√					√						
326	Z266	铜匕首	√		√										
327	Z603	铜盆	√		√										
328	Z267	铜蒜头壶	√	√					√	√		√			
329	Y25687	铜剑	√		√					√					
330	Y2430	铜矛	√												
331	Y2434	铜剑	√												
332	Y2440	铜戈								√					
333	Y2446	铜戈	√												

5件/套铁器：均锈蚀严重，几乎都伴有程度不同的表面硬结物等锈蚀产物；另有个别酥粉破碎、断裂、瘤状物、层状剥离等。为了减缓这几件铁器的老化，对文物本体进行保护修复迫在眉睫。见表2-3。

表2-3　铁质文物病害统计表

序号	藏品号	文物名称	表面硬结物	瘤状物	层状剥离	酥粉破碎	断裂	全面锈蚀	残缺	矿化
014	Z26	铁斧	√	√	√					
082	Y2001	铁削刀						√		
116	Y2718	铁削刀		√				√		
121	Y2728	铁鍪				√		√		√
122	Y2731	铜格铁剑					√	√	√	

2件/套锡器：均存在变形、残缺、锡疫问题。一是受埋藏环境的影响，墓坑塌陷致使锡器变形；二是受保存环境、化学锈蚀的影响，锡疫严重，致使基体缺失。见表2-4。

表 2-4　锡质文物病害统计表

序号	藏品号	文物名称	锡疫	残缺	变形
173	Y251	锡簋	√	√	√
174	Y252	锡簋	√	√	√

二、典型病害

（一）铜质文物典型病害

1. 粉状有害锈

有害锈的形态特征是结构疏松的绿色粉末，它是青铜器锈蚀产物中在锈层底下的氯化亚铜和表面的碱式氯化铜，氯离子是有害锈产生的根源，氯化亚铜是其形成的初始产物。存在粉状有害锈的有 51 件 / 套。其中 6 件如图 2-3 ~ 2-8 所示。

图 2-3（出土地：秭归卜庄河 M108:12）战国时期铜杖首，该墓中部有一直径约 1 米的圆形盗洞，随葬器物严重被盗，又因埋葬该器物的土壤中含有大量的氯化物等可溶性盐，导致该器物产生了严重的"粉状有害锈"。

图 2-4（出土地：宜昌葛洲坝:10）三国时期铜镜，因铜镜的埋葬土壤中含有大量的氯化物等可溶性盐和出土后高温、高湿等保存环境的影响，有害锈满布。

2. 变形

变形是指青铜器因受外力作用导致形状发生的改变。存在变形的有 33 件 / 套。其中 2 件如图 2-9 ~ 2-10 所示。

3. 残缺

残缺是指青铜器受物理、化学作用导致的基体缺失。存在残缺的有 146 件 / 套，其中严重残缺的有 20 件 / 套。其中 6 件如图 2-11 ~ 2-16 所示。

4. 破碎

破碎是指青铜器因受物理、化学作用而导致的完全断裂、破碎成片。需要仔细拼对，检查残片变形情况，确认缺失部分。破碎的有 40 件 / 套，其中 6 件如图 2-17 ~ 2-22 所示。

5. 裂隙、断裂

裂隙是指青铜器表面或内部开裂形成的裂缝，断裂是指青铜器因受物理或化学作用导致本体完全断开。存在裂隙、断裂的有 140 件 / 套，其中 4 件如图 2-23 ~ 2-26 所示。

6. 孔洞

孔洞是指青铜器因受物理、化学作用而导致的破洞、缺失。存在孔洞的有 50 件 / 套，其中有 4 件如图 2-27 ~ 2-30 所示。

7. 表面硬结物，层状堆积、瘤状物

表面硬结物、瘤状物是指青铜器因生物、化学作用而在器物表面形成的各类硬结物和锈蚀产物，一般来说这种表面硬结物、瘤状物对青铜器本体没有危害，仅仅是影响美观。共 142 件 / 套存在表面硬结物、7 件 / 套存在瘤状物，其中 4 件如图 2-31 ~ 2-34 所示。

8. 层状剥离

金属文物因发生层状腐蚀而导致腐蚀产物层状剥离脱落的现象。共 9 件 / 套存在层状剥离，其中 4 件如图 2-35 ~ 2-38 所示。

9. 矿化

金属文物受外界环境影响，会出现返回原矿物质的矿化腐蚀现象，文物会呈酥松发脆状态。共 21 件 / 套存在矿化，其中 2 件如图 2-39，2-40 所示。

（二）锡质文物典型病害

锡疫是馆藏锡器的普遍劣化现象。它是一种物理现象，即在环境温度低于 13.2℃ 时会发生白色的 β 锡向灰色的同位素 α 锡转变。灰色的锡是脆的，当锡疫发生一段时间后，器物会完全变成粉末。如图 2-41，2-42 所示。

这两件锡簋 20 世纪 70 年代出土于当阳赵家湖楚墓，时代为春秋中期晚段。出土后自然状态下保存，锡疫严重，再不及时保护修复，将会变成一堆粉末。

（三）铁质文物典型病害

铁质文物酥粉、断裂、矿化、鳞片状脱落。

由于铁的化学性质比较活泼而易被腐蚀，其生成的产物结构疏松，因而出土的铁质文物常见酥粉、断裂、鳞片状脱落现象，甚至全部矿化。如图 2-43，2-44 所示。

铁鍪：宜昌前坪天灯包 M93 出土，汉代，锈蚀严重，断裂为碎片，酥粉，矿化；铁削刀：宜昌前坪卜庄河 M55 出土，汉代，严重锈蚀，矿化，鳞片状脱落。若再不保护修复，将会彻底损坏。

图 2-3　铜杖首（Z62）　　　　图 2-4　铜镜（Z462）　　　　图 2-5　豆形带盖铜杯（Z15）

图 2-6　铜钫（Z610）　　　　图 2-7　铜壶（Z213）　　　　图 2-8　铜戈（Z147）

图 2-9　铜钫（Y257）　　　　图 2-10　铜鼎（Y274）　　　　图 2-11　铜釜（Y256）

图 2-12　铜敦（Y264）　　　　图 2-13　铜镜（Y701）　　　　图 2-14　铜鍪（Y282）

图 2-15　铜洗（Y240）　　　　图 2-16　铜扁壶（Y247）　　　　图 2-17　铜簋（Y278）

图 2-18　铜鼎（Y292）　　　　图 2-19　铜钫（Y2714）　　　　图 2-20　铜镜（Y700）

图 2-21　铜鼎（Y2716）　　　　图 2-22　铜罍（Y231）　　　　图 2-23　铜车害（Z250）

图 2-24　铜镜（Y737）　　　　图 2-25　铜剑（Y139）　　　　图 2-26　铜甬钟（Y219）

图 2-27　铜壶（Y243）　　　　图 2-28　铜瓿（Z319）　　　　图 2-29　铜洗（Y271）

图 2-30　铜壶（Z624）　　　　图 2-31　铜罍（Z424）　　　　图 2-32　铜盘（Z606）

图 2-33　铜盆（Z128）　　　　图 2-34　铜瓿（Z236）　　　　图 2-35　铜匜（Z425）

图 2-36　铜鼎（Z136）　　　　图 2-37　铜戈（Z153）　　　　图 2-38　铜矛（Z261）

图 2-39　铜戈（Y126）　　　　图 2-40　铜勺（Y285）　　　　图 2-41　锡簋（Y251）

图 2-42　锡簋（Y252）　　　图 2-43　铁鍪（号 Y2728）　　　图 2-44　铁削刀（Y2718）

第三节　青铜文物分析检测

样品分为两类：带基体的青铜残片和锈蚀物粉末。出于深入了解文物、准确把握病害的目的，通过便携式能谱仪、X射线荧光分析显微镜、X射线衍射仪、显微激光拉曼光谱仪、离子色谱仪等仪器，分析青铜器及其锈蚀产物的金相结构、化学成分、组织形貌和显微结构等，通过分析检测结果为青铜器的修复工作提供技术支持。

一、青铜器基体合金成分分析

其中18件青铜器样品的分析数据如表2-5所示。根据便携式能谱仪分析结果，青铜器的基体多为铜－锡－铅合金。

表 2-5　青铜器基体合金元素成分表

序号	名称	藏品号	测试点	图号	Sn	Pb	Cu	Fe	Zn
1	铜盘	Z606	盘底锉开处	2-45	8.5	28.55	61.99		
2	铜鼎	Z136	鼎身外壁花纹处	2-46	19.77	4.29	74.2	1.21	
			鼎腿下外部光洁处	2-47	67.38	14.79	6.06	10.07	
3	铜蒜头壶	Z516	壶腹部漆古致密处	2-48	57.85	9.23	19.11	11.28	
			壶腹部蓝锈处	2-49	23.41	2.77	70.65	2.74	
4	铜壶	Z624	壶身	2-50	28.72	35.3	34.91	0.138	
5	铜戈	Z147	戈身	2-51	41.82	2.16	43.21	3.2	
			手柄部	2-52	61.01	2.72	28.55	6.43	
6	铜戈	Z153	戈身	2-53	56.92	12.62	28.59	0.415	
7	铜斗	Z22	斗外壁花纹处	2-54	58.48	23.42	4.13	11.08	
8	铜盒	Z4	底部基体	2-55	20.61	8.69	68.57	1.51	
9	铜矛镈	Z9	镈腰身无金银丝处	2-56	9.67	6.6	81.23	0.226	
10	铜牌饰	Z10	正面有花纹处	2-57	75.86	12.3	10.45	0.432	
11	铜杖首	Z62-1	花纹处	2-58	6.8	6.46	86.1	0.194	
12	错金铜镈	Z62-2	顶端	2-59	1.32	8.13	89.96		

续表

序号	名称	藏品号	测试点	图号	Sn	Pb	Cu	Fe	Zn
13	铜车箍	Z11	顶部	2-60	49.1	6.8	42.04	0.18	
14	铜钺	Z24	钺身处	2-61	30.37	1.29	66.93	0.873	
15	虎形铜带钩	Z61	虎身处	2-62	29.84	39.17	28.91	0.538	
16	铜缶	Z8	腹部	2-63	10.65	17.38	69.19	0.295	1.61
17	铜鼎	Z2	顶盖环钮部	2-64	38.95	15.29	41.71	3.23	
18	铜鼎	Z1	腹外壁花纹处	2-65	13.66	8.6	75.6	1.55	0.158

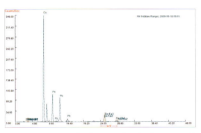

图2-45　铜盘（Z606）盘底锉开处基体能谱图

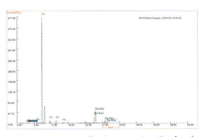

图2-46　铜鼎（Z136）鼎身外壁花纹处基体能谱图

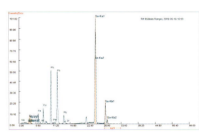

图2-47　铜鼎（Z136）鼎腿下外部光洁处基体能谱图

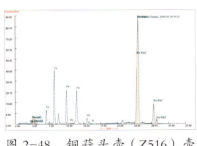

图2-48　铜蒜头壶（Z516）壶腹部漆古致密处基体能谱图

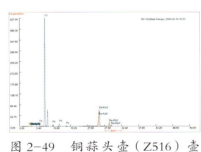

图2-49　铜蒜头壶（Z516）壶腹部漆古致密处基体能谱图

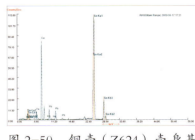

图2-50　铜壶（Z624）壶身基体能谱图

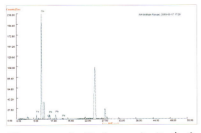

图2-51　铜戈（Z147）戈身基体能谱图

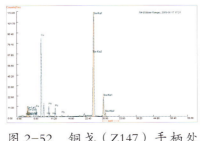

图2-52　铜戈（Z147）手柄处基体能谱图

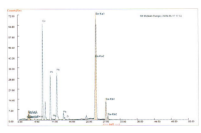

图2-53　铜戈（Z153）戈身基体能谱图

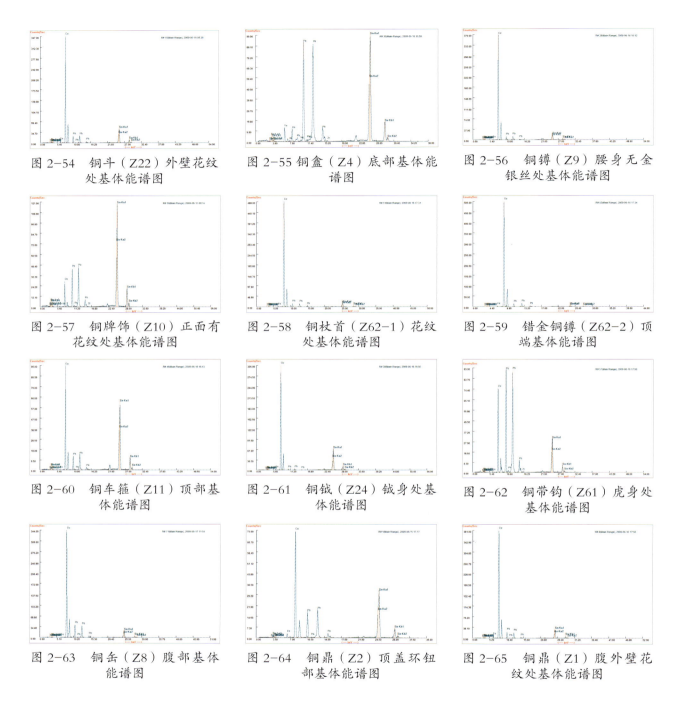

图 2-54　铜斗（Z22）外壁花纹处基体能谱图

图 2-55 铜盒（Z4）底部基体能谱图

图 2-56　铜镈（Z9）腰身无金银丝处基体能谱图

图 2-57　铜牌饰（Z10）正面有花纹处基体能谱图

图 2-58　铜杖首（Z62-1）花纹处基体能谱图

图 2-59　错金铜镈（Z62-2）顶端基体能谱图

图 2-60　铜车軎（Z11）顶部基体能谱图

图 2-61　铜钺（Z24）钺身处基体能谱图

图 2-62　铜带钩（Z61）虎身处基体能谱图

图 2-63　铜缶（Z8）腹部基体能谱图

图 2-64　铜鼎（Z2）顶盖环钮部基体能谱图

图 2-65　铜鼎（Z1）腹外壁花纹处基体能谱图

二、青铜器锈蚀产物分析

进一步进行锈蚀产物物相分析，为保护修复提供依据，我们对文物表面不同锈蚀产物用 XGT-5000 型 X 射线荧光分析显微镜进行半定量元素分析。

测试条件：测试时间 30s；进程模式 P4；X 光管电流自动；检测孔直径 $100\mu m$；X 光管电压 50 kV。锈蚀产物的元素组成成分和含量如表 2-7 所示。

表 2-7　青铜器锈蚀产物元素成分表（质量分数 wt%）

序号	名称	藏品号	部位	描述	谱图	Si	P	S	Ca	Fe	Cu	Sn	Pb	Cl	K	Al	Mn	Ti
1	铜盘	Z606	背面	土下锈	2-66	31.12	3.06	/	0.35	0.75	59.72	/	1.19	/	/	/	/	
2	铜鼎	Z136	鼎足	豆绿色漆古粉末	2-67	6.29	/	/	3.04	9.25	16.04	38.09	27.32	/	/	/	/	/
			鼎足	漆古下蓝灰色粉末	2-68	5.23	/	/	1.37	0.32	22.89	39.75	30.45	/	/	/	/	/
			鼎足	豆绿色漆古	2-69	6.71	/	/	0.94	0.12	23.02	46.63	22.58	/	/	/	/	/
			另一足	豆绿色漆古块状	2-70	7.61	/	/	1.25	2.36	37.95	26.58	24.24	/	/	/	/	/
			另一足	漆古下蓝灰色块状	2-71	9.29	/	/	/	1.27	34.90	29.70	24.85	/	/	/	/	/
			盖内	蓝色物质	2-72	1.19	/	/	/	/	87.03	0.93	10.85	/	/	/	/	/
3	铜蒜头壶	Z516	器身	草绿色漆古	2-73	8.93	1.72	3.46	6.80	9.94	23.65	30.66	12.16	/	/	/	/	/
			器身	蓝绿色锈蚀	2-74	5.36	/	/	1.02	0.63	90.31		2.68	/	/	/	/	/
			器身	蓝色瘤状物	2-75	13.19	/	2.36	1.56	1.33	75.67	1.51	1.20	/	/	/	/	/
4	铜壶	Z624	壶颈	绿锈	2-76	3.13	/	/	0.41	0.31	75.92	1.56	18.67	/	/	/	/	/
			底部小坑内	灰白色物质	2-77	6.06	/	/	1.75	0.50	5.51	1.35	84.83	/	/	/	/	/
5	铜戈	Z147	戈身	点状浅绿色粉末锈	2-78	3.83	1.38	/	1.07	2.90	59.67	26.71	4.44	/	/	/	/	/
			戈柄	浅绿色粉末锈	2-79	2.98	1.88	/	1.48	2.33	77.66	10.41	3.27	/	/	/	/	/
6	铜戈	Z153	表面	绿漆古	2-80	4.63	0.69	/	4.24	0.27	24.16	47.53	18.47	/	/	/	/	/
7	铜斧	Z152	侧面	粉末锈	2-81	14.83	5.25	/	5.25	1.34	47.00	23.06	1.41	/	/	/	/	/
			刃部	粉末锈	2-82	8.46	6.00	/	7.29	1.35	34.01	40.54	2.00	/	/	/	/	/
8	铜戈	Z145	土下	黑色粉末	2-83	33.43	/	/	1.04	6.87	43.17	1.92	2.41	/	/	/	/	/
9	铜斗	Z22	柄把	铁红色粉末锈	2-84	22.70	/	/	/	57.09	4.70	0.75	7.82	/	/	/	/	/

续表

序号	名称	藏品号	部位	描述	谱图	Si	P	S	Ca	Fe	Cu	Sn	Pb	Cl	K	Al	Mn	Ti
10	铜盒	Z4	足部	灰色致密锈	2-85	5.89	1.95	/	/	4.16	45.29	19.62	21.84	/	/	/	/	
11	铜矛镦	Z9	器身	浅绿色粉末	2-86	4.94	/	/	1.12	0.38	76.13	5.59	11.85	/	/	/	/	
12	铜杖首	Z62-1	头部点蚀处	绿色锈	2-87	2.02	/	/	/	/	78.67	1.15	1.43	16.62	/	/	/	
13	铜镇	Z62-2	器身	致密绿锈	2-88	24.16	/	/	3.17	/	69.48	/	2.78	/	/	/	/	
			器身	绿色锈	2-89	8.72	1.82	2.78	26.17	4.69	42.77	/	8.56	/	4.49	/	/	
14	铜车辖	Z11	车辖	绿色粉末锈	2-90	7.43	/	/	3.46	0.27	42.12	32.79	13.93	/		/	/	
			口沿	分层混合锈	2-91	9.62	/	/	4.02	0.23	70.05	12.00	7.79	/	/	/	/	
15	铜钺	Z24	表层锈	草绿色粉末锈	2-92	5.51	/	/	3.20	0.42	65.61	19.41	5.20	/	/	/	/	
			表层下面	蓝色锈	2-93	30.23	/	/	1.39	3.04	57.8	/	0.28	/	/	/	/	
16	虎形铜带钩	Z61	背面	灰黑色粉末	2-94	1.42	0.74	/	/	0.17	10.69	2.89	83.97	/	/	/	/	
		Z61	背面	绿色致密锈	2-95	2.66	0.46	/	0.54	0.26	77.92	/	18.15	/	/	/	/	
17	铜缶	Z8	器身内	蓝色瘤状物	2-96	4.2	/	/	2.2	0.5	92.6	/	2.64	/	/	/	/	
			底部	灰黑色粉末	2-97	5.8	/	/	23.1	8.0	16.7	27.0	36.7	/	/	/	/	
			器身内	玻璃状物质	2-98	75.7	/	/	/	0.4	/	/	/	/	/	5.16	/	
			器身内	草绿色粉末	2-99	1.8	/	/	0.6	0.5	59.9	/	37.3	/	/	/	/	
			器身	蓝色块状锈	2-100	4.4	/	/	0.9	2.8	78.5	/	12.4	/	/	/	/	
			器身	蓝色瘤状锈	2-101	8.6	/	/	13.8	0.9	83.4	/	2.7	/	/	/	/	
18	铜釜	Z23	釜身	锈蚀粉末	2-102	22.61	/	/	/	0.68	70.08	/	2.77	/	/	/	/	
			釜内底部	脱落铁锈块	2-103	21.29	/	/	/	2.41	2.41	/	1.16	/	/	/	/	
			釜底部	黑色锈	2-104	/	/	4.88	/	84.18	3.67	/	2.24	/	/	/	/	

续表

序号	名称	藏品号	部位	描述	谱图	Si	P	S	Ca	Fe	Cu	Sn	Pb	Cl	K	Al	Mn	Ti
19	包金铜箔饰片	Z60	背面	灰绿色粉末锈	2-105	6.7	/	6.2	/	0.4	86.7	/	/	/	/	/	/	/
			背面	绿色粉末锈	2-106	12.5	/	7.5	/	1.3	77.7	/	/	/	/	/	/	/
20	铜鼎	Z2	鼎盖内	砖红色薄锈层	2-107	/	/	/	/	/	97.0	/	3.0	/	/	/	/	/
			鼎盖内底部	金属状物质	2-108	3.3	/	/	6.9	2.7	17.2	/	8.0	/	/	/	15.1	/
			鼎足内侧	灰色	2-109	/	/	/	3.2	6.1	6.1	21.5	43.9	/	/	/	/	/
			鼎足残破处	灰色锈蚀	2-110	2.4	/	5.2	/	2.4	1.7	10.1	62.9	/	/	/	/	/
21	铜鼎	Z1	鼎底部	黑色锈蚀	2-111	10.32		8.32	24.2	25.86	0.99		28.02					
			鼎足部	白色物质	2-112	1.22		41.72	57.19	0.27								
			鼎耳	黑色锈蚀	2-113	43.25		4.91	7.45	7.70	6.57		24.22		4.11			1.78
22	铜矛镦	Z9	口沿	浅绿色粉状锈	2-114	6.84				0.20	83.73	3.85	4.71					
			器身	浅绿色粉末锈	2-115	7.45			2.53	0.55	77.84	3.17	8.46					

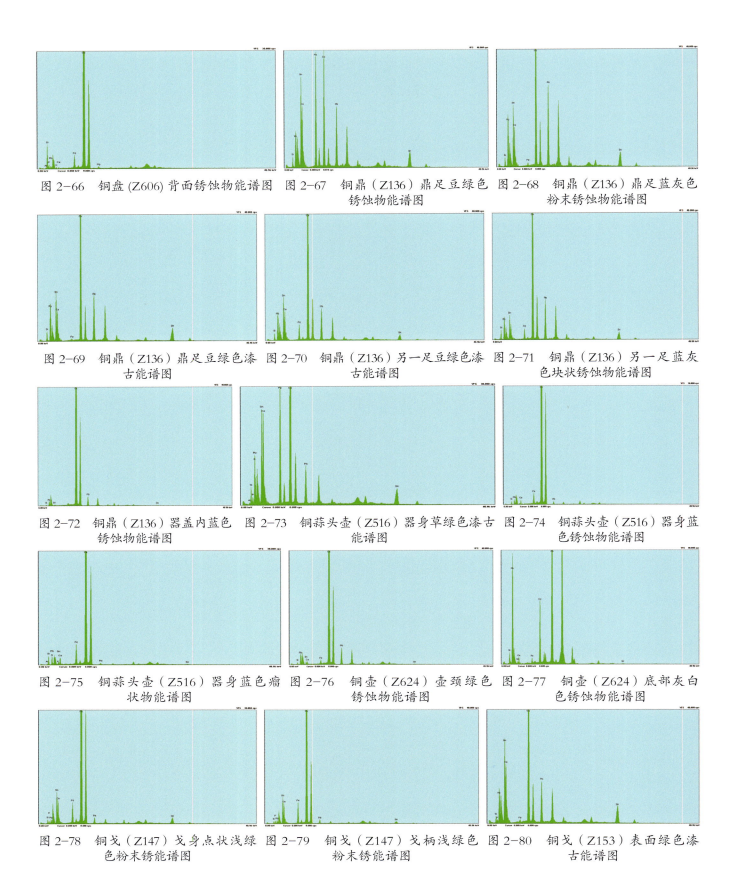

图 2-66　铜盘 (Z606) 背面锈蚀物能谱图　　图 2-67　铜鼎（Z136）鼎足豆绿色　　图 2-68　铜鼎（Z136）鼎足蓝灰色
锈蚀物能谱图　　　　　　　　粉末锈蚀物能谱图

图 2-69　铜鼎（Z136）鼎足豆绿色漆　　图 2-70　铜鼎（Z136）另一足豆绿色漆　　图 2-71　铜鼎（Z136）另一足蓝灰
古能谱图　　　　　　　　古能谱图　　　　　　　　色块状锈蚀物能谱图

图 2-72　铜鼎（Z136）器盖内蓝色　　图 2-73　铜蒜头壶（Z516）器身草绿色漆古　　图 2-74　铜蒜头壶（Z516）器身蓝
锈蚀物能谱图　　　　　　　　能谱图　　　　　　　　色锈蚀物能谱图

图 2-75　铜蒜头壶（Z516）器身蓝色瘤　　图 2-76　铜壶（Z624）壶颈绿色　　图 2-77　铜壶（Z624）底部灰白
状物能谱图　　　　　　　　锈蚀物能谱图　　　　　　　　色锈蚀物能谱图

图 2-78　铜戈（Z147）戈身点状浅绿　　图 2-79　铜戈（Z147）戈柄浅绿色　　图 2-80　铜戈（Z153）表面绿色漆
色粉末锈能谱图　　　　　　　　粉末锈能谱图　　　　　　　　古能谱图

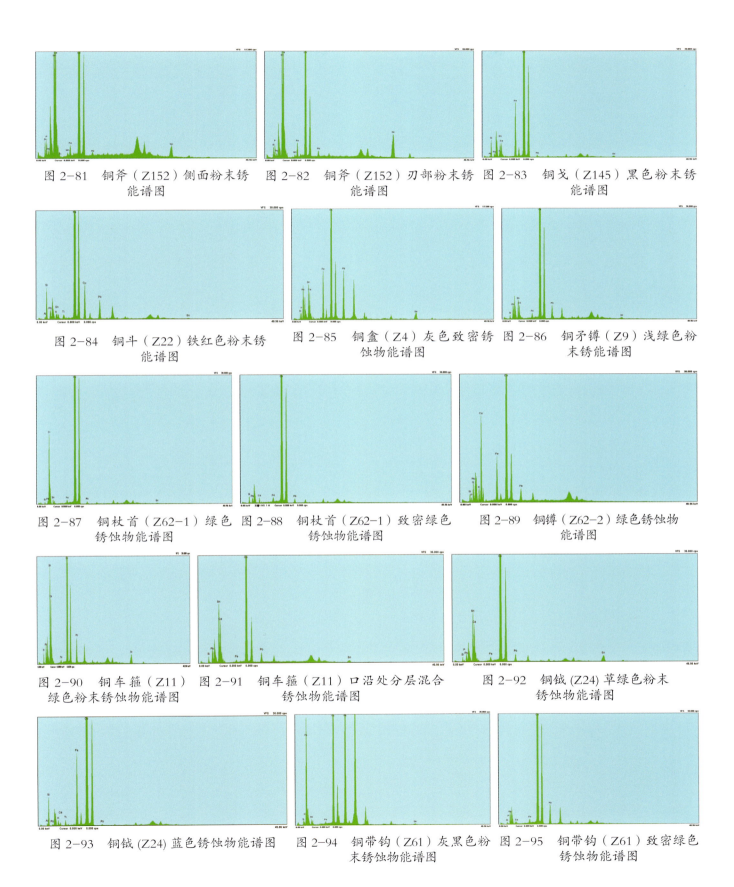

图 2-81　铜斧（Z152）侧面粉末锈
　　　　　能谱图

图 2-82　铜斧（Z152）刃部粉末锈
　　　　　能谱图

图 2-83　铜戈（Z145）黑色粉末锈
　　　　　能谱图

图 2-84　铜斗（Z22）铁红色粉末锈
　　　　　能谱图

图 2-85　铜盉（Z4）灰色致密锈
　　　　　蚀物能谱图

图 2-86　铜矛镈（Z9）浅绿色粉
　　　　　末锈能谱图

图 2-87　铜杖首（Z62-1）绿色
　　　　　锈蚀物能谱图

图 2-88　铜杖首（Z62-1）致密绿色
　　　　　锈蚀物能谱图

图 2-89　铜镈（Z62-2）绿色锈蚀物
　　　　　能谱图

图 2-90　铜车軎（Z11）
　　　　　绿色粉末锈蚀物能谱图

图 2-91　铜车軎（Z11）口沿处分层混合
　　　　　锈蚀物能谱图

图 2-92　铜钺 (Z24) 草绿色粉末
　　　　　锈蚀物能谱图

图 2-93　铜钺 (Z24) 蓝色锈蚀物能谱图

图 2-94　铜带钩（Z61）灰黑色粉
　　　　　末锈蚀物能谱图

图 2-95　铜带钩（Z61）致密绿色
　　　　　锈蚀物能谱图

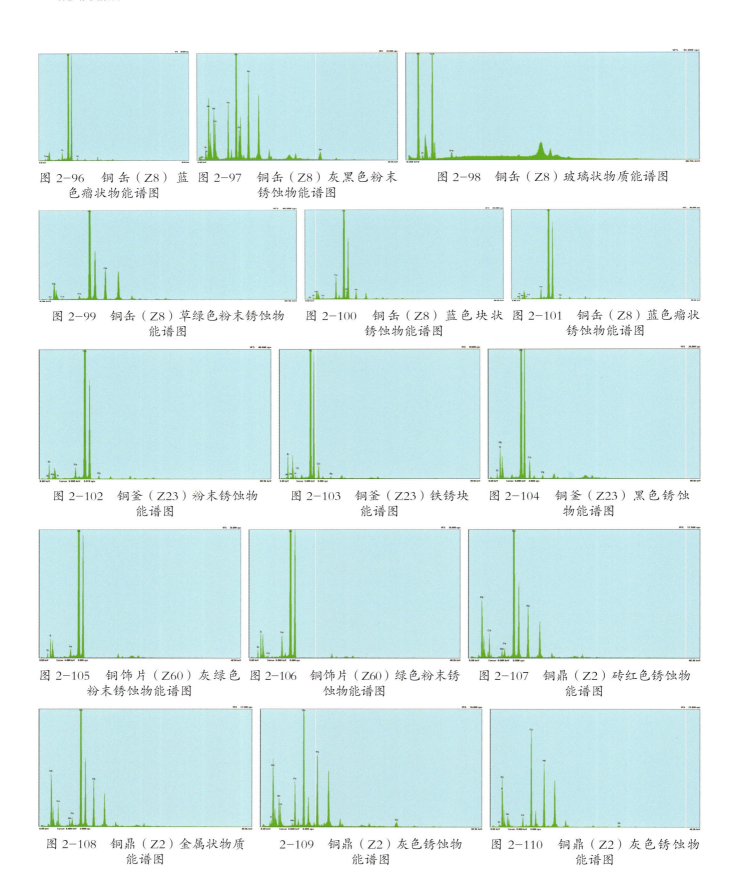

图 2-96   铜缶（Z8）蓝   图 2-97   铜缶（Z8）灰黑色粉末   图 2-98   铜缶（Z8）玻璃状物质能谱图
　　　　色瘤状物能谱图　　　　　　　锈蚀物能谱图

图 2-99   铜缶（Z8）草绿色粉末锈蚀物   图 2-100   铜缶（Z8）蓝色块状   图 2-101   铜缶（Z8）蓝色瘤状
　　　　　能谱图　　　　　　　　　　　锈蚀物能谱图　　　　　　　锈蚀物能谱图

图 2-102   铜釜（Z23）粉末锈蚀物   图 2-103   铜釜（Z23）铁锈块   图 2-104   铜釜（Z23）黑色锈蚀
　　　　　能谱图　　　　　　　　　　能谱图　　　　　　　　　　物能谱图

图 2-105   铜饰片（Z60）灰绿色   图 2-106   铜饰片（Z60）绿色粉末锈   图 2-107   铜鼎（Z2）砖红色锈蚀物
　　　　粉末锈蚀物能谱图　　　　　　蚀物能谱图　　　　　　　　能谱图

图 2-108   铜鼎（Z2）金属状物质   2-109   铜鼎（Z2）灰色锈蚀物   图 2-110   铜鼎（Z2）灰色锈蚀物
　　　　能谱图　　　　　　　　　　能谱图　　　　　　　　　　能谱图

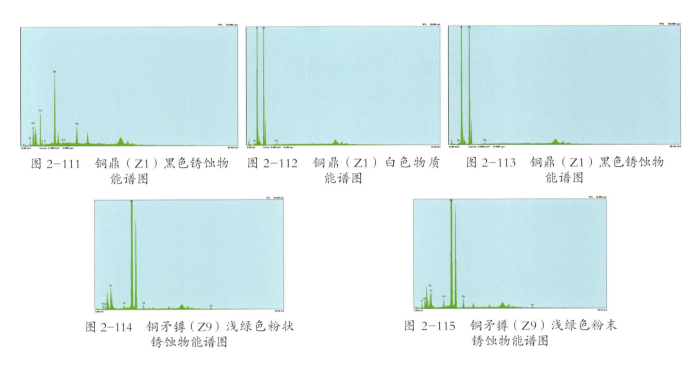

图 2-111 铜鼎（Z1）黑色锈蚀物　　图 2-112 铜鼎（Z1）白色物质　　图 2-113 铜鼎（Z1）黑色锈蚀物
　　　　　能谱图　　　　　　　　　　　　　　能谱图　　　　　　　　　　　　　　能谱图

图 2-114 铜矛镦（Z9）浅绿色粉状　　　　　图 2-115 铜矛镦（Z9）浅绿色粉末
　　　　　锈蚀物能谱图　　　　　　　　　　　　　　　锈蚀物能谱图

三、锈蚀物相分析

为了解文物锈蚀产物的物相，确定锈蚀产物的性质，制定合理有效的除锈方法，我们用 X 射线衍射及显微激光拉曼光谱对金属物表面和内部锈蚀产物进行分析，最终确定青铜器表面锈蚀产物的类型。

X 射线衍射仪型号为德国布鲁克 D8 Discover with GADDS，测量条件为：X 射线：$CuK\alpha$（0.1548nm）；管电压：40kV；管电流：40mA。显微激光拉曼光谱仪型号为 Thermo Nicolet Almega 型，测量条件为：激光器：532nm；物镜：50 倍（长焦）。锈蚀物相分析如表 2-8。

表 2-8　X 射线衍射和显微激光拉曼光谱分析结果

序号	名称	藏品号	部位	样品描述	分析方法	谱图	分析结果
1	铜鼎	Z136	鼎足	蓝灰色块状	拉曼	2-116	白铅矿（$PbCO_3$）
			盖内	绿色物质	拉曼	2-117	孔雀石（$CuCO_3 \cdot Cu(OH)_2$）
			鼎足	豆绿色漆古	拉曼	2-118	孔雀石（$CuCO_3 \cdot Cu(OH)_2$）
2	铜戈	Z145	点蚀处	绿色锈蚀	拉曼	2-119	氯铜矿（$CuCl_2 \cdot 3Cu(OH)_2$）
3	铜戈	Z147	点状处	浅绿色粉末锈	拉曼	2-120	孔雀石（$CuCO_3 \cdot Cu(OH)_2$）
			柄部	浅绿色粉末锈	拉曼	2-121	孔雀石（$CuCO_3 \cdot Cu(OH)_2$）
4	铜蒜头壶	Z516	器身	蓝色锈蚀	衍射	2-122	蓝铜矿（$2CuCO_3 \cdot Cu(OH)_2$）、
			器身	蓝色瘤状物	衍射	2-123	蓝铜矿（$2CuCO_3 \cdot Cu(OH)_2$）

续表

序号	名称	藏品号	部位	样品描述	分析方法	谱图	分析结果
5	铜斗	Z22	口沿	坚硬草绿色块状锈	衍射	2-124	赤铜矿（Cu_2O）、铜（Cu）
			孔洞内	粉末黄白色物质	衍射	2-125	二氧化锡（SnO_2）
6	铜盒	Z4	盖内	致密褐红色锈	衍射	2-126	赤铜矿（Cu_2O）
			盒足	灰黑色致密锈	衍射	2-127	铜（Cu）
7	错金铜镦	Z62-2	头部	绿色锈	衍射	2-128	赤铜矿（Cu_2O）
			器身内	绿色锈	拉曼	2-129	氯铜矿（$Cu_2(OH)_3Cl$）
8	铜钺	Z24	钺身表层锈	草绿色粉末锈	拉曼	2-130	孔雀石（$CuCO_3 \cdot Cu(OH)_2$）
			钺身表层锈下面	蓝色锈	拉曼	2-131	蓝铜矿（$CuCO_3 \cdot 2Cu(OH)_2$）
9	铜带钩	Z61	背面	灰黑色粉末	拉曼	2-132	碳酸铅（$PbCO_3$）
			背面	绿色致密锈	拉曼	2-133	孔雀石（$CuCO_3 \cdot Cu(OH)_2$）
10	铜釜	Z23	釜身	白色锈蚀物	拉曼	2-134	锐钛矿（TiO_2）
			釜身另一处	绿色锈蚀物	拉曼	2-135	孔雀石（$CuCO_3 \cdot Cu(OH)_2$）
11	铜鼎	Z2	鼎盖内	砖红色薄锈层	衍射	2-136	铜（Cu）
			鼎盖内	灰白色金属光泽物质	衍射	2-137	碳酸钙（$CaCO_3$）
			鼎足底部	灰黑色物质	衍射	2-138	二氧化锡（SnO_2）
			鼎耳	黑色锈蚀物	衍射	2-139	硫酸铅（$PbSO_4$）
12	铜矛镦	Z7	上部	浅绿色粉末锈	衍射	2-140	黑铜矿（CuO）
13	铜鼎	Z613	器身	绿蓝色锈蚀物	衍射	2-141	孔雀石（$CuCO_3 \cdot Cu(OH)_2$）、白铅矿（$PbCO_3$）、蓝铜矿（$CuCO_3 \cdot 2Cu(OH)_2$）
14	铜鼎	Z216	器腹	蓝绿色锈蚀物	衍射	2-142	孔雀石（$CuCO_3 \cdot Cu(OH)_2$）、白铅矿（$PbCO_3$）、蓝铜矿（$CuCO_3 \cdot 2Cu(OH)_2$）
15	铜勺	Z208	勺柄	灰色锈蚀物	衍射	2-143	锡石、铜锡合金
16	铜盆	Z603	内壁	绿色锈蚀物	衍射	2-144	黑铜矿（CuO）、赤铜矿（Cu_2O）
17	铜戈	Z449	戈身	灰绿色锈蚀物	衍射	2-145	锡石、铜锡合金、赤铜矿（Cu_2O）
18	铜匕首	Z266	身部	灰绿色锈蚀物	衍射	2-146	锡石、铜锡合金、赤铜矿（Cu_2O）
19	铜戈	Y120	戈身	灰绿色锈蚀物	衍射	2-147	锡石、铜锡合金
20	铜罍	Y231	残片	灰绿色锈蚀物	衍射	2-148	锡石、铜锡合金、赤铜矿（Cu_2O）、铜（Cu）

续表

序号	名称	藏品号	部位	样品描述	分析方法	谱图	分析结果
21	铜簠	Y262	器内壁	灰色锈蚀物	衍射	2-149	锡石
22	铜鍪	Y263	器腹	红灰色锈蚀物	衍射	2-150	孔雀石（$CuCO_3 \cdot Cu(OH)_2$）、白铅矿（$PbCO_3$）、赤铜矿（Cu_2O）
23	铜钫	Y266	残片	蓝绿色锈蚀物	衍射	2-151	孔雀石（$CuCO_3 \cdot Cu(OH)_2$）、锡石、赤铜矿（Cu_2O）
24	铜钫	Y265	残片	蓝绿色锈蚀物	衍射	2-152	孔雀石（$CuCO_3 \cdot Cu(OH)_2$）、白铅矿（$PbCO_3$）、石英、赤铜矿（Cu_2O）、斜长石
25	铜蒜头壶	Y259	器腹	红灰色锈蚀物	衍射	2-153	赤铜矿（Cu_2O）、硫酸铅矿、绿盐铜矿
26	铜洗	Y267	口沿	灰绿色锈蚀物	衍射	2-154	孔雀石（$CuCO_3 \cdot Cu(OH)2$）、赤铜矿（Cu_2O）、硫酸铅矿、绿盐铜矿
27	铜鼎	Y270	残片	灰红色锈蚀物	衍射	2-155	孔雀石（$CuCO_3 \cdot Cu(OH)_2$）、白铅矿（$PbCO_3$）、石英、赤铜矿（Cu_2O）、铅黄
28	铜洗	Y271	器底	灰绿色锈蚀物	衍射	2-156	孔雀石（$CuCO_3 \cdot Cu(OH)_2$）、蓝铜矿（$CuCO_3 \cdot 2Cu(OH)_2$）、石英、赤铜矿（Cu_2O）
29	铜镳斗	Y241	残片	蓝绿色锈蚀物	衍射	2-157	孔雀石（$CuCO_3 \cdot Cu(OH)_2$）、白铅矿（$PbCO_3$）、蓝铜矿（$CuCO_3 \cdot 2Cu(OH)_2$）、石英、斜长石

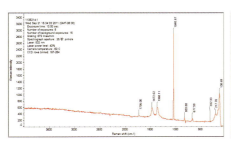

图2-116　铜鼎（Z136）锈蚀物拉曼图谱（白铅矿）

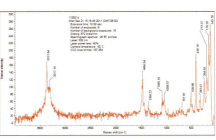

图2-117　铜鼎（Z136）锈蚀物拉曼图谱（孔雀石）

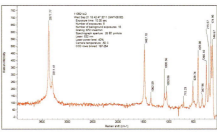

图2-118　铜鼎（Z136）锈蚀物拉曼图谱（孔雀石）

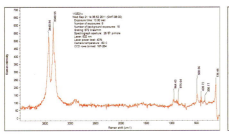

图2-119　铜戈（Z145）锈蚀物拉曼图谱（氯铜矿）

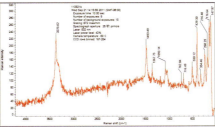

图2-120　铜戈（Z147）锈蚀物拉曼图谱（孔雀石）

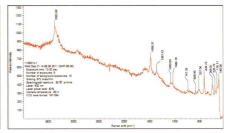

图2-121　铜戈（Z147）锈蚀物拉曼图谱（孔雀石）

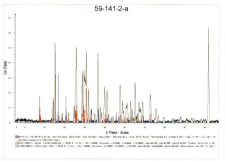
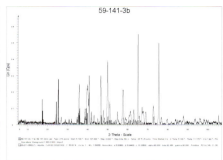
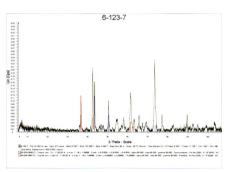

图 2-122　铜蒜头壶（Z516）锈蚀物　图 2-123　铜蒜头壶（Z516）锈蚀物　图 2-124　铜斗（Z22）锈蚀物 X 射
X 射线衍射图谱（蓝铜矿）　　　　X 射线衍射图谱（蓝铜矿）　　　　线衍射图谱（赤铜矿、铜）

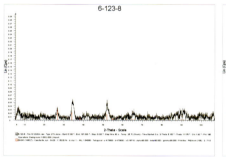
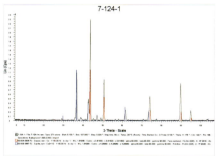
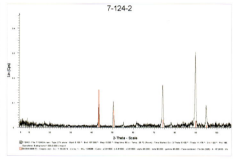

图 2-125　铜斗（Z22）锈蚀物 X　　图 2-126　铜盒（Z4）锈蚀物 X　　图 2-127　铜盒（Z4）锈蚀物 X 射线
射线衍射图谱（二氧化锡）　　　　射线衍射图谱（赤铜矿）　　　　衍射图谱（铜）

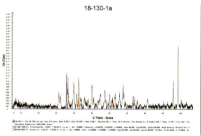
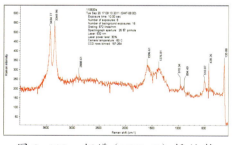
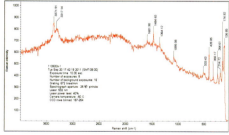

图 2-128　铜镈（Z62-2）锈蚀　　图 2-129　铜镈（Z62-2）锈蚀物　图 2-130　铜钺（Z24）锈蚀物拉曼图
物 X 射线衍射图谱（赤铜矿）　　拉曼图谱（氯铜矿）　　　　　　谱（孔雀石）

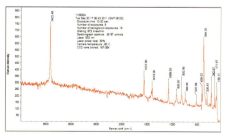
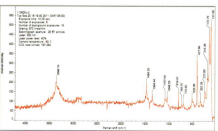
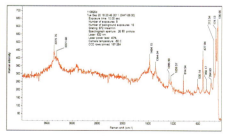

图 2-131　铜钺（Z24）锈蚀物拉曼　图 2-132　铜带钩（Z61）锈蚀物拉　图 2-133　铜带钩（Z61）锈蚀物拉
图谱（蓝铜矿）　　　　　　　　曼图谱（碳酸铅）　　　　　　　曼图谱（孔雀石）

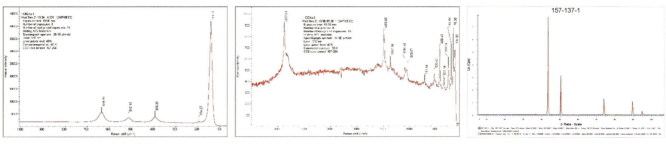

图 2-134　铜釜（Z23）锈蚀物拉曼图 图 2-135　铜釜（Z23）锈蚀物拉曼图 图 2-136　铜鼎（Z2）锈蚀物 X
　　　　谱（锐钛矿）　　　　　　　　　谱（孔雀石）　　　　　　　　射线衍射图谱（铜）

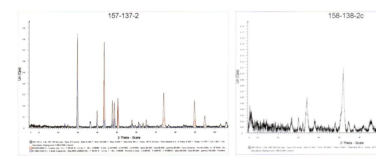

图 2-137　铜鼎（Z2）锈蚀物 X 射 图 2-138　铜鼎（Z2）锈蚀物 X 射线 图 2-139　铜鼎（Z2）锈蚀物 X 射
　　　　线衍射图谱（碳酸钙）　　　　　　衍射图谱（二氧化锡）　　　　　　线衍射图谱（硫酸铅）

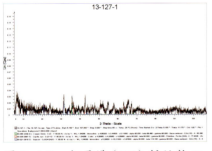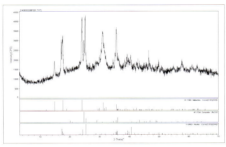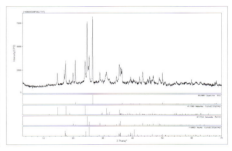

图 2-140　铜矛镈（Z7）锈蚀物 X 图 2-141　铜鼎（Z613）锈蚀物 X 射 图 2-142　铜鼎（Z216）锈蚀物 X 射
　　　　射线衍射图谱（黑铜矿）　　线衍射图谱（孔雀石、白铅矿、蓝铜矿） 线衍射图谱（孔雀石、白铅矿、蓝铜矿）

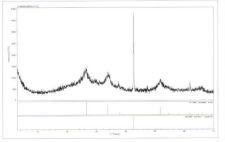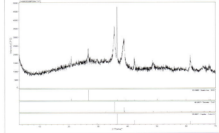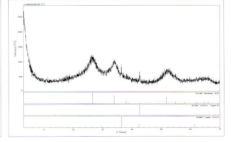

图 2-143　铜勺（Z208）锈蚀物 X 图 2-144　铜盆（Z603）锈蚀物 X 图 2-145　铜戈（Z449）锈蚀物 X 射
　　　　射线衍射图谱（锡石、铜锡合金）　　　射线衍射图谱（黑铜矿、赤铜矿）　　线衍射图谱（锡石、铜锡合金、赤铜矿）

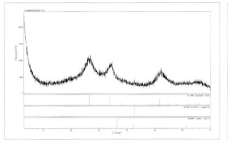

图2-146　铜匕首（Z449）锈蚀物X射线衍射图谱(锡石、铜锡合金、赤铜矿)

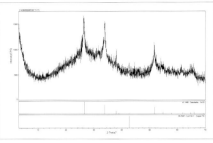

图2-147　铜戈（Y120）锈蚀物X射线衍射图谱（锡石、铜锡合金）

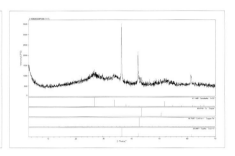

图2-148　铜罍（Y231）锈蚀物X射线衍射图谱(锡石、铜锡合金、赤铜矿)

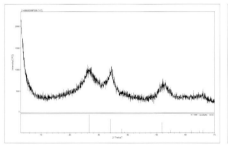

图2-149　铜簠（Y262）锈蚀物X射线衍射图谱（锡石）

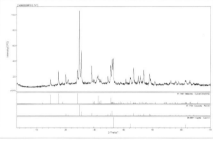

图2-150　铜鍪（Y263）锈蚀物X射线衍射图谱(孔雀石、白铅矿、赤铜矿)

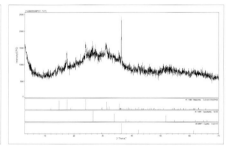

图2-151　铜钫（Y266）锈蚀物X射线衍射图谱（孔雀石、锡石、赤铜矿）

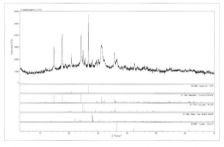

图2-152　铜钫（Y265）锈蚀物X射线衍射图谱（孔雀石、白铅矿、赤铜矿）

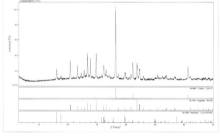

图2-153　铜蒜头壶（Y259）锈蚀物X射线衍射图谱（赤铜矿、硫酸铅矿、绿盐铜矿）

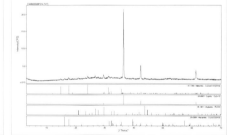

图2-154　铜洗（Y267）锈蚀物X射线衍射图谱（孔雀石、赤铜矿、硫酸铅矿、绿盐铜矿）

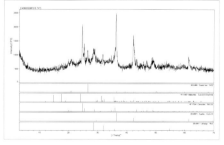

图2-155　铜鼎（Y270）锈蚀物X射线衍射图谱（孔雀石、白铅矿、赤铜矿）

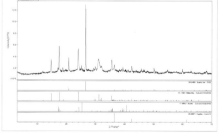

图2-156　铜洗（Y271）锈蚀物X射线衍射图谱（孔雀石、蓝铜矿、赤铜矿）

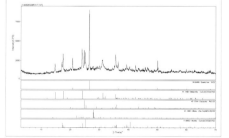

图2-157　铜镳斗（Y241）锈蚀物X射线衍射图谱（孔雀石、蓝铜矿、白铅矿）

四、可溶盐分析

为了解文物附着的土内可溶盐内侵蚀性离子的分布状况，为可溶盐的脱出提供技术支持，我们用 ICS-2500 离子色谱仪进行阴离子定量分析。

测试条件为：阴离子色谱柱：lonpac AS18-HC；（4×250mm）；淋洗液：30mmol/L KOH；进样量：25μL；淋洗源：淋洗液发生器；流速：1.2ml/min；温度：30℃；检测器：ASR4-4mm。测试结果见表 2-9。

表 2-9 离子色谱仪阴离子定量分析结果 (mg/L)

序号	名称	藏品号	取样部位	样品描述	谱图	F^-	Cl^-	SO_4^{2-}	NO^{3-}
1	铜盘	Z606	背面	土	2-158	0.08		6.29	
2	铜鼎	Z136	鼎足	土	2-159	3.90		12.12	
			另一足	土	2-160	1.09		30.86	0.41
3	铜戈	Z145	戈柄	土	2-161	23.07	24.78	113.12	
4	铜缶	Z8	口沿土	黑褐色颗粒	2-162	12.2	/	4.91	/
			器身附着土	黑色颗粒状	2-163	9.49	/	7.19	0.44
5	铜釜	Z23	釜底	黄褐色土块	2-164	3.25	0.65		
			釜身	黄色土块	2-165	4.11	24.33		0.79
6	铜鼎	Z2	鼎内底部	黑土色锈蚀	2-166	0.147		2.64	0.28
			鼎足处	范土	2-167	0.74		27.7	0.28
7	铜鼎	Z1	鼎足内	范土	2-168	0.548	/	22.4	0.28
8	铜矛镈	Z62-2	器内	土（块状锈）	2-169	0.088		3.75	

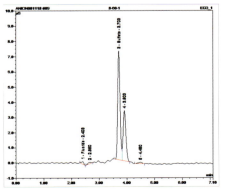 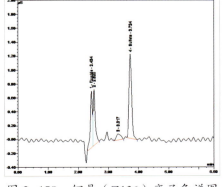 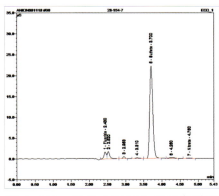

图 2-158 铜盘（Z606）离子色谱图   图 2-159 铜鼎（Z136）离子色谱图   图 2-160 铜鼎（Z136）离子色谱图

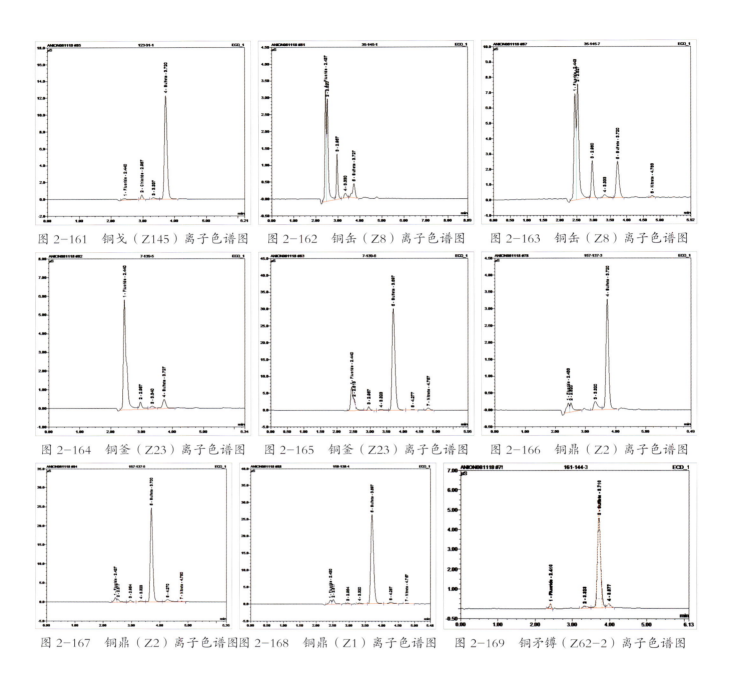

图 2-161　铜戈（Z145）离子色谱图　图 2-162　铜缶（Z8）离子色谱图　图 2-163　铜缶（Z8）离子色谱图

图 2-164　铜釜（Z23）离子色谱图　图 2-165　铜釜（Z23）离子色谱图　图 2-166　铜鼎（Z2）离子色谱图

图 2-167　铜鼎（Z2）离子色谱图 图 2-168　铜鼎（Z1）离子色谱图　图 2-169　铜矛镦（Z62-2）离子色谱图

五、分析小结

经过检测，青铜器的基体主要为 Cu-Sn-Pb 三元合金。青铜器锈蚀产物的主要元素有 Cu、Sn、Pb、Si、Ca 和 Fe，其中，Cu、Sn、Pb 来自青铜器的基体合金，是基体被氧化锈蚀后，迁移到器物表面的，而 Si、Ca 则可能来自土壤和尘垢等。少数青铜器的锈蚀物中还含有 Fe、P 和 Cl，个别青铜器中发现有 K、Mn、Ti、Al 存在。锈蚀物最主要、最常见的种类是孔雀石、赤铜矿、蓝铜矿，少数样品中发现氯铜矿、锡等。部分文物所附土样经离子色谱检测，SO_4^{2-} 离子含量较高，有的 SO_4^{2-}、Cl^- 离子含量都较高。病害种类较多，状况堪忧。

第三章

保护修复技术
路线和原则

　　根据金属文物病害类别和程度的不同、保存坏境的差异，坚持保护文物为主的原则和标准，正确选用文物保护修复材料，采取物理、化学等保护手段，对残缺部位进行补配，并对文物进行缓蚀、封护做旧处理。

第一节　文物保护修复技术路线

　　针对上述金属文物损坏状态的实际情况拟采取相应的保护、修复技术。其中最主要的保护和修复技术流程为：

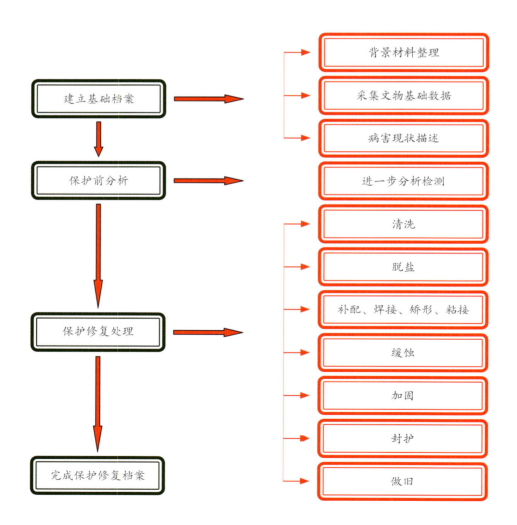

第二节　保护修复遵循的原则

文物保护修复理念、原则是保护修复工作者在实际工作中的指导思想，是修复者对其保护修复的文物处理到何种程度的一种度的把握。面对不同病害、不同破损情况的文物，都需要具体问题具体分析。依据《中华人民共和国文物保护法》，按照国际文物保护界对藏品保护修复的基本原则"保持艺术品原状"，严格遵守保护修复工作"修旧如旧、保持原貌"的总原则。所有的工作程序、处理方法，均必须保证不改变文物本质，也不改变文物原貌，全面地保存、延续文物的真实信息和历史、艺术、科学价值，确保文物安全以及增强文物的抗锈蚀能力，并以不影响今后再次保护修复为前提。

1. 不改变文物原状原则

保护文物的实质，是保持文物的历史价值、艺术价值和科学价值。只有保留文物本来面貌，才能保存其珍贵价值。保持文物原有的气韵色调，修旧如旧。修复（粘接、补配、做旧等）要有充分的依据，不能主观臆想，尊重原物风格。

2. 最小干预原则

严格按照文物保护修复方案，保护其原有的外观，除对文物有害的部分处理外，不扩大保护修复范围。范围越小，要补配、补色的内容越少，越容易掩盖住破损；范围越大，要补配、补色的内容越多，越容易露出马脚。要做到修复的最小干预性，一是修复前预判，正确规划修复所涉及的范围；二是修复的每一步都控制住涉及范围，才能控制住最终的修复范围。

3. 可逆性原则

对于任何使用的材料，如加固剂和表面封护剂，要强调其可再处理性和可逆性，以备材料老化后或更好的材料诞生后可以替换。

4. 科学性和安全性原则

严格按照现有成熟工艺和材料的使用原则进行修复，在选用新材料和新方法时要事先经过充分的试验，在确保文物安全的基础上再进行局部试验，局部试验良好后方可使用。

5. 不以唯美至上原则

文物修复不能一味地追求所谓的漂亮而人为地改变青铜器的锈色，或为了展现某些花纹而大量去除承载着丰富历史文化信息的无害锈，在未找到一种稳妥全新的方法之前，我们要给后人的研究留有足够的发展空间，不以唯美至上，保护好我们的文物。

6. 预防性保护原则

预防性保护胜于修复为现今文物保护的重要观点，任何文物保护修复前都应进行尽可能详尽的观察、分析、检测，确保对文物全面了解之后才可进行保护修复。经过修复的金属文物，并不能代表永远可以安全地流传于世，所以展厅以及库房微环境的控制就非常重要。

第四章
青铜器保护修复

第一节　保护修复技术步骤

1.分析检测：对于前期分析结果不明确的地方进一步检测分析，以对锈蚀产物有更加确切的了解，便于应对保护处理过程中的新问题，适时调整保护方法和步骤。运用 X 射线探伤技术记录和解析锈层下有无铭文、金银等装饰物，为采取物理及化学处理措施提供直观的依据。

采用扫描电子显微镜及其所带能谱、波谱分析表面微区形貌、成分，研究器物局部物理特征、元素组成及对器物锈蚀和保存的影响；

使用射线荧光能谱分析显微镜对铜基体进行无标样半定量分析，了解材料成分含量；

运用离子色谱（IC）对埋藏土壤及锈蚀可溶盐中阴阳离子定量分析，为保护处理提供科学依据；

利用视频显微镜进行表面锈蚀的观察、记录、鉴别及金属装饰制作工艺的研究。

2.除锈：使用物理方法，采用各种手工工具，并结合纯净水、倍半碳酸钠溶液等方法软化并去除表面硬结物和锈蚀物。

3.脱盐：可溶盐，尤其是氯化物不仅对文物锈蚀有促进作用，对表面封护剂也有极大的破坏作用，少量存在会大大影响其寿命。因此除盐是文物保护步骤中不可或缺的一个过程。脱盐和洗涤可同步进行，主要有深洗法、浸泡法、电化学还原法、循环水法、电热水蒸气法、离子交换树脂法、纸浆法、Soxhlet 洗涤法、电解还原法、电泳法等。

4.修复复原：根据文物锈蚀破损情况，采用拼对焊接、粘接，矫形，补配等方法对文物进行修复复原。如环氧树脂补配法、锡焊法、翻模铸造补配法、塑形补配法等。

5.缓蚀、封护：器物修复补配完整后，先进行缓蚀处理，采用浓度 2% 的苯并三氮唑（BTA）－乙醇溶液进行浸泡，以达到缓蚀目的，再用浓度 2% 的 ParaloidB72－丙酮溶液对器表进行封护处理。可以阻止空气中有害物质对文物本体的侵蚀。

6.做旧：为更好展示文物完整性，一般对修复和补缺加固的部分进行随色、做旧处理，做旧使用材料以乙醇、虫胶片、各类清漆、树脂胶等和各种矿物颜料为主。

7.建立保护修复档案：保护修复档案包括文物基本信息，文物保护、保存历史，保存现状，保护过程中使用的方法，材料的记录和照片资料，以及将要进行的各种分析与检测报告、照片等（保护处理前、处理中及处理后照相、文字等）。为保证对文物现状正确分析和记录，对有可能要进行处理的局部细节（需除锈、矫形、加固、随色等）进行记录，包括局部照相、录像、描述、线图，并对取样样品颜色、部位、形状等进行文字和影像的记录，根据现象、保护要求确定进行分析检测的方法和步骤。

第二节　保护修复材料

1. 去除有害锈的试剂：倍半碳酸钠（图4-1）。

2. 去除无害锈试剂：采用柠檬酸、六偏磷酸钠、氢氧化钠、碳酸氢钠等。

3. 加固剂：丙烯酸树脂、502黏合剂、环氧树脂胶棒（图4-2）。

4. 焊接材料：中性助焊剂、锡焊（图4-3）。

5. 补配材料：根据铜器铜体锈蚀的程度，选择铜、复合铜或树脂材料补配（图4-3）。

6. 做旧材料：铜器残缺补配部分和焊接口，应分别进行做旧处理，力求做到修旧如旧、色泽和谐、过渡自然，所选材料附着力强、调色容易方便、无光泽、耐老化、长期不易褪色发黄的高分子树脂和与铜器相协调的无机颜料（图4-4）。

7. 缓蚀剂：采用苯并三氮唑（BTA）-乙醇溶液进行缓蚀处理（图4-5）。

8. 表面封护剂：铜器表面进行封护是保护工作的一项重要内容，是对前面去锈、加固、补配、做旧工作保持长久性的处理保护，防止空气中的有害气体、有害物质和水分侵蚀文物，起到一个相对有利于铜器保存的小环境。封护剂采用无色透明、附着力强、耐酸碱、耐老化的聚乙烯醇缩丁醛（图4-6）。

图4-1　去除有害锈的试剂　　　图4-2　加固剂　　　图4-3　焊接材料、补配材料

图4-4　做旧材料　　　图4-5　缓蚀剂　　　图4-6　表面封护剂

第三节　保护修复技术

此次保护修复的 333 件／套青铜器，大多数残损情况比较严重，且不少器物集残、缺、破、断、锈等缺陷于一身，需要用不同的方法"对症下药"，或者多种方法交叉使用。本项目的实施过程中采用的保护修复步骤主要有：对青铜文物进行取样，分析其锈蚀物、合金、锈层成分及结构；对表面的灰尘、泥土等附着物进行清洗；对有害锈和覆盖在纹饰与铭文上的有害锈进行去除；对已完全氧化酥松的青铜器进行局部加固；对含碎片、裂缝的青铜器进行焊接或粘接；对残缺的部分，在有根据的前提下进行补配；对文物修复处表面进行打磨和细节处理；焊接、粘接和补配处表面做旧；对修复后的青铜器进行缓蚀和封护处理；资料留存，档案记录。

一、清洗和除锈

表面清洗与除锈是实施保护修复的第一步，可以进一步了解器物锈蚀产物的宏观物理结构，也是关键的一步。可分为物理和化学两种方法。

1. 物理方法

物理方法主要包括机械法、超声波法、激光法、喷沙法、蒸汽法、干冰法等，本项目实施过程主要采用机械法、超声波法。除锈工具（图 4-7）。

机械法：使用钢针、手术刀、牙签等工具直接剔除锈蚀物，方法简单，但是需要较强的修复技巧及较长的时间，一定要避免出现文物表面留下刮痕或丧失文物所包含的历史信息。采用机械清洗的方法，可对器物表面泥土、不稳定锈蚀层和其他附着物进行剔除和清洗。去除在现有保存环境下，能够继续发展，会对文物造成影响的锈蚀。去锈操作结束要保证器物整体风格统一，不对文物本体造成损伤（图 4-8）。

超声波法：超声波能改变质点的运动速度，并使溶液产生"空穴"。由于良好的空化作用，使溶液中质点的扩散速度加快，使反应进行得更为彻底（图 4-9）。

2. 化学方法

（1）用 5% 倍半碳酸钠溶液（分析纯）对含有有害锈的青铜器进行浸泡。取出后在离子水中进行清洗，清洗完成后，用硝酸银滴定法进行检测，根据所含氯化物的多少，多次更换浸泡溶液（图 4-10）。

（2）青铜器表面致密的绿锈和土锈的处理：配制柠檬酸和碳酸氢钠的饱和溶液，将表面有致密坚硬土锈的青铜器用这两种溶液进行交替浸泡，再用脱脂棉湿覆去除局部顽固有害锈，在文物处理过程中，注意观察浸泡液和脱脂棉颜色的变化情况，以不伤害青铜器本体为原则（图 4-11）。

（3）斑点腐蚀的处理：将锌粉用 10% NaOH 进行调配，均匀涂敷在有斑点的腐蚀处，然后将锌粉去除并用蒸馏水清洗，观察其处理效果。并可多次涂敷，反复上述操作过程，直到斑点腐蚀彻底去掉。对于被锈蚀物所掩盖的铭文，不能用机械方法除锈，以避免伤及文字。可用 Zn 粉与 5% NaOH 溶液处理，然后将器物除锈部位用蒸馏水刷洗干净（图 4-12，4-13）。

（4）"疖疮状"腐蚀的去除：先仔细观察"疖疮"与青铜本体结合的状态，再用手术刀等工具在"疖疮"边缘部位，轻轻地剔除表层锈蚀，观察"疖疮"下实际腐蚀状态，并将"疖疮"和"疖疮"下的有害锈尽可能的去掉。

包金箔铜饰片（Z60），使用乙二胺四乙酸二钠加纯净水稀释成溶液，然后用脱脂棉蘸溶液对金箔反复擦拭，直至金箔闪闪发亮，再用纯净水泡洗。器物上的金片脱落，用 401 黏合剂将金箔粘接固定，并处理平整（图 4-14）。

二、矫形

相当一部分青铜器在出土时不仅残破而且变形，破碎片的断茬很难对拼合缝，需要矫形。在矫形前要考虑它的变形程度及自身的金属性质（金属性、弹性、塑性、厚度等）等因素，然后再决定采用何种方法。

1. 对质地较好的青铜器采用加温矫形法

如利用烘干箱加温，控制在 250℃以内消除残片内应力后，用两块模具（内模、外模各一块）合成一套。把变形的铜片按照合适弧度置于模具之间，与模具形状相对，用加压钳加压，经过反复加温施压，直至铜器变形部位恢复原形（图 4-15，4-16）。

2. 对韧性强的青铜器采用锤击法矫形

如铜器弧度向外扩张，可在变形部位先垫一凹形的铅砧子，再用铅锤从内壁轻轻锤打，使弧度逐渐向里收缩。也可用半球体的铅砧子，垫在铜片弧壁内侧上，再从外面轻轻锤击，使变形部分慢慢向外扩张而得以纠正（图 4-17）。

3. 根据变形的程度及部位，也可以利用不同的工具、采用夹具支撑、顶压、撬搬、扭压等方法对青铜器整形，不要给文物造成新的伤痕（图 4-18）。

图 4-7　除锈工具

图 4-8　机械法

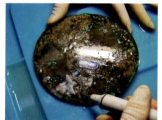

图 4-9　超声波法

图 4-10　倍半溶液浸泡、硝酸银滴定检测器物是否含有氯离子

图 4-11　脱脂棉湿覆法　　　　　　　　　　　　　图 4-12　Zn 粉置换法

图 4-13　铜杖首（Z62）Zn 粉置换前后

修复前　　　　　　　　　　　修复中　　　　　　　　　　　修复后

图 4-14　包金箔铜饰片（Z60）保护修复

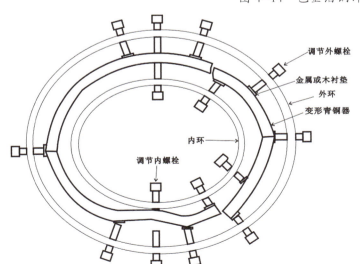

调节外螺栓
金属或木衬垫
外环
变形青铜器
内环
调节内螺栓

图 4-15　自制矫形定位装置示意图

图 4-16　烘干箱

图 4-17　锤击、扭压法整形

　　　修复前　　　　　　　　　　矫形中　　　　　　　　　　修复后

图 4-18　铜鼎修复前后

三、拼对焊接（粘接）

1. 拼对组合

在焊接（粘接）前，根据器形、纹饰、锈蚀色质、胎体厚度等特征，找出茬口之间的关系，确定它的大概位置后，进行焊接（粘接）（图 4-19）。

2. 焊接

青铜器能否焊接，完全取决于它的金属性，金属性越强，它的焊接强度越大，反之强度就越小。铜质文物采用锡焊法或加销钉焊接法。焊接多和整形相结合，边整形边焊接。具体使用哪一种方法要根据青铜器的腐蚀程度、金属性等具体情况来决定。

（1）锡焊法

锡焊法优点是设备简单、操作方便、容易掌握。焊接工具多用电烙铁，辅助工具台钳、扁嘴钳、尖嘴钳和镊子，以及各种规格的钢锉、锡锉、木锉和钢丝刷、铜丝刷。锡焊的温度比较低，对青铜合金的影响较小（图 4-20）。

（2）加销钉焊接法

适用于一些断面相对较小、器身较长、负荷力较大和形制较大的青铜器。如铜镜和铜剑类青铜器，焊口较窄，仅在断口处焊接不足以承受长度、重量带来的剪力，容易折断。形制较大的青铜器器身沉重，用胶黏接强度不够。往往采用在器物中心加一根金属芯后再进行焊接。如在铜鼎口沿的断口两侧打孔，两孔间剔出一个长形嵌槽。按照嵌槽大小的尺寸制作一个"门"形销钉，销钉嵌入槽内以低于嵌槽口0.2cm为宜，此法也适用于其他大件金属器物（图4-21）。

3. 粘接

对于完全矿化无铜芯，裂隙、断口较小的器物多采用快速固化环氧树脂黏结剂和502氢基丙烯酸酯黏合剂。对于孔洞类器物，多采用环氧树脂型胶泥粘接（图4-22）。

4. 焊接、粘接相结合

对铜质不太好、变形的器物，多采用低温锡焊、环氧树脂黏结剂、环氧树脂型胶泥相结合的方法（图4-23）。

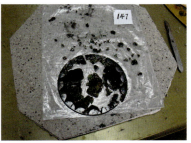

图 4-19　拼对组合

图 4-20　铜镳斗（Y241）锡焊法焊接

图 4-21　加销钉焊接法焊接

图 4-22　粘接

图 4-23　铜钫（Y257）焊接、粘接相结合

四、补配

本项目主要采用了打制铜皮补配法、翻模铸造补配法、环氧树脂胶类补配法、塑形补配法等。对于有些破损严重文物多采用几种方法相结合的补配方法。

1. 打制铜皮补配法

根据青铜器缺失部位的形状，将纸片覆盖其上，用铅笔沿残缺轮廓拓画取样。将拓画的纸样贴在铜皮上，用金属剪刀按其形状剪出比缺失部位形状稍大的一块薄铜皮。经裁剪的铜皮采用铁锤在铁砧或铅砧上，利用砧的凹凸与弯尖部位，按其形状要求进行反复捶打、修正，直到形状与残缺部位相吻合。对于大面积的缺失，采取分解的办法，分段打制，分别焊接；对于简单的平面缺失，不需要锤击，只要画好平面纸样贴在铜皮上用金属剪刀剪下焊上即可（图 4-24）。

2. 翻模铸造补配法

对于有花纹及部位特殊的附件，用铸造方法来修复。如鼎足、兽耳、兽面等。利用器物上原件为模型，翻制范模，对无花纹部位可以直接用普通石膏、牙科石膏进行翻模，有花纹部位用硅橡胶进行翻模。翻模前用皂液对翻模部位进行涂刷，以方便模具取下，翻模完成后，待模具晾干后在模具中进行浇注补配。铸造出铜胎、铅锡胎或灌注树脂胶。对补配件进行磨除毛刺、修饰纹饰、补充细节等工艺，最后再焊接或粘接在缺失部位（图 4-25 ～ 4-27）。

3. 环氧树脂胶类补配法

对于一些器物上小的孔洞、裂隙多直接采用环氧树脂型胶泥（美国普施 psi 胶棒）、环氧玻璃钢进行补配。胶泥使用方法为：取出塑管中的胶泥，切下所需的用量。将切下的胶体内外两种不同颜色的材料充分糅合呈一色。用糅合好的胶体在要粘接的表面挤压、揉搓后压实，固化后进行打磨，直至平整。环氧玻璃钢：将 E-44 环氧树脂与聚酰胺固化剂依照 1:1 比例混合，然后用电吹风进行适量加温，使树脂呈黏稠液态状，充分浸润补配部位，直至孔洞和裂隙填满后，再用手术刀等工具将多余的树脂剔除并打磨完成（图 4-28）。

4. 塑形补配法

对于破损严重器物，没有可以翻模的地方，就要将缺失的地方塑出来。先将要塑形部位的内侧用油泥垫起来，然后将事先泡好的雕塑泥或环氧树脂型胶泥平铺在上面，按照器物的形状、花纹塑出来。塑好之后，先不摘下模具，直接将雕塑泥或环氧树脂型胶泥取出，模具的内侧面就反衬出雕塑面的花纹及形状。再将隔膜剂刷在磨具上后，直接注胶或将环氧树脂型胶泥揉搓均匀后将其按在模具上压实并让其平整，固化后取下模具，缺失部位就补配完成（图 4-29 ~ 4-32）。

5. 缓蚀、封护

器物修复补配完整后，先进行缓蚀处理，用 2% 苯并三氮唑（BTA）-乙醇溶液进行浸泡，达到缓蚀目的。再用 3% ~ 5%Paraloid B72-丙酮溶液对器表进行涂刷封护处理，可以阻止空气中有害物质对文物本体的侵蚀。涂覆采用刷涂的方式，直至通体均匀浸润。每件器物重复刷涂三遍，静置晾干。需要注意的是，每次要选择相互垂直的方向刷涂，避免或减少眩光的产生（图 4-33）。

6. 做旧

青铜器做旧处理，是按照原器物的固有颜色和锈层，用传统的技法，使用虫胶、矿物颜料、硝基清漆等材料，采用喷、涂、弹、点等技法进行着色作旧处理，做出各种层次的锈色，使之与原器物和谐统一（图 4-34，4-35）。

7、健全修复文物的信息

每件器物必须收集整个修复过程的信息，如：拍摄文物的照片、绘图、称重、测量尺寸、文物现状及修复过程描述等情况，做好文字记录（图 4-36）。

图 4-24　打制铜皮补配

图 4-25　石膏翻模

图 4-26　硅橡胶翻模　　　　　　　　图 4-27　铜罍（Z424）刻纹处理

图 4-28　环氧树脂胶类补配

图 4-29　铜扁壶（Y249）塑形补配

图 4-30　铜罍（Y231）塑形补配

图 4-31　铜鍪（Y263）焊接加环氧树脂补配

图 4-32　涂抹原子灰

图 4-33　缓蚀、封护

图 4-34　做旧工具、材料

图 4-35　做旧

图 4-36 健全修复文物的信息

第四节 青铜器的预防性保护

文物的保存环境直接影响文物的"寿命"。经保护修复技术处理后的青铜器具有一定的抵御环境变化的能力，但是对于文物长期保存来说，还不能达到绝对安全，任何保护修复封护材料都会老化。根据《博物馆藏品保存环境试行规范》、国际文物保护协会、国际博物馆学会的推荐，青铜器的预防性保护建议如下：

1. 跟踪调查

进行后期跟踪调查，每两年做一次定期观察检验，发现质变现象，要及时进行保护修复处理，达到减缓文物的锈蚀速率，延长文物使用寿命的目的。

2. 库房环境建议

最佳温度控制在 20℃ 左右，日波动范围小于 5℃；相对湿度 40% 以下，日波动范围小于 5%；库房密闭，配备空气净化系统或者过滤装置。在库房中存放的青铜文物可以存放在 RP 文物保护专用袋中，袋子中放置足量的专用药品后密封。

3. 微环境调控建议

应尽可能恒温恒湿，严格控制青铜器保存的微环境。单独无酸囊匣包装保存（一是避免因一件青铜器发生病害而传染、蔓延至其他器物；二是便于搬运和收纳），内置干燥剂。

4. 展陈环境建议

展柜温度、湿度控制条件与库房一致。由于铜器是非光敏性的，青铜器要放在专门定制的密封柜中展示，展柜总的可见光照度小于 300lx，紫外光强度小于 20μW/lm 即可。展柜密封性要好，能保证展柜内的洁净度。展品最好半年轮换一次。

注意：囊匣制作要尽量使用对青铜器无害的材料。每一件文物囊匣的内衬（囊）要合适，过松则起不到保护作用，过紧则容易损害文物。定制展柜和储藏柜也要考虑尽量满足青铜文物对环境的要求。

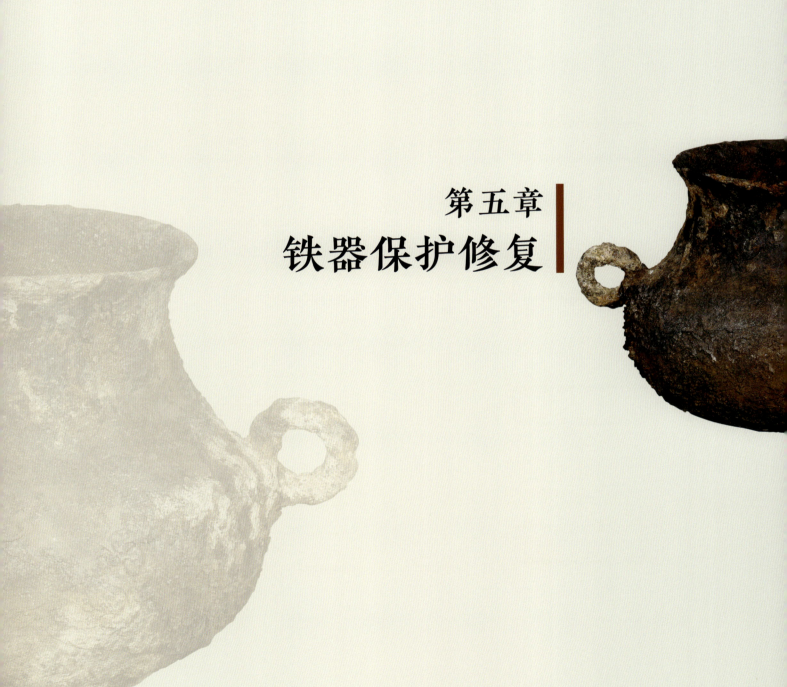

第五章
铁器保护修复

第一节　保护修复技术路线

针对本项目铁质文物损坏状态的实际情况拟采取相应的保护、修复技术。其中最主要的保护和修复技术流程为：

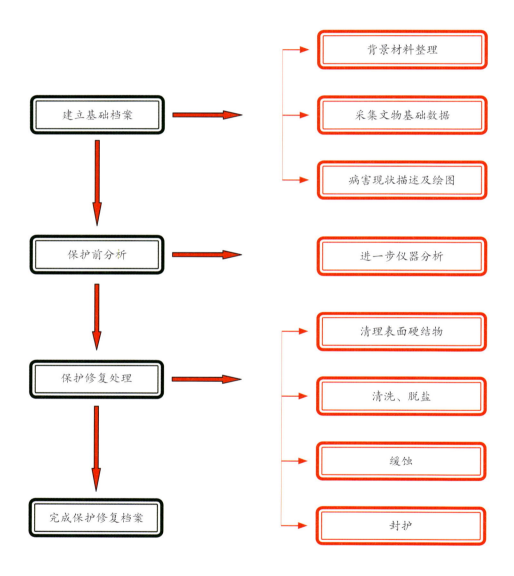

第二节　保护修复材料、工具

1. 工具：刷子、手术刀具、微型电磨、刻字笔等（见图 5-1）。

2. 试剂：纯净水（pH 值调至 8-9）、乙醇、氢氧化钠。

3. 缓蚀试剂：单宁酸（见图 5-2）。

4. 封护材料：虫白蜡、松节油（见图 5-3）。

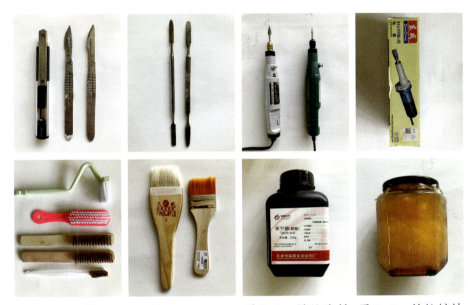

图 5-1　工具　　　　图 5-2　缓蚀试剂　图 5-3　封护材料

第三节　保护修复处理的主要步骤

依据器物病害调查、分析检测以及讨论结果，结合过往保护修复经验，选用成熟的材料及方法，制定以下保护修复处理步骤：

1. 分析检测

对于前期分析结果不明确的地方进一步分析检测研究，以对锈蚀产物有更加确切的了解，便于应对保护处理过程中的新问题，适时调整保护修复方法和步骤（图 5-4 ～ 5-6）。

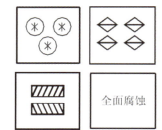

瘤状物 表面硬结物 层状剥离

图 5-4 铁斧 (Z26) 病害图

图 5-5 铁斧（Z26）瘤状物

图 5-6 铁斧（Z26）层状剥离

（1）基体成分分析

为了对器物基体材质有基础了解，运用 NITON，XLt3-800DPW 型便携式荧光能谱仪对器物表面进行基体成分半定量元素分析（见图 5-7）。

测试条件为：X 光管，Au 靶，最大电压，40kV，最大电流 50μA。持续时间 30 秒。合金模式。检测结果见表 5-1。

表 5-1 铁斧（Z26）基体合金元素成分表（质量分数 wt%）

名称	藏品号	检测模式	检测部位	谱图	Pb	Cu	Fe	Mn
铁斧	Z26	合金	斧身处	5-7	0.514	0.603	90.72	7.03

（2）锈蚀成分分析

进一步进行锈蚀产物物相分析，为保护修复提供依据，我们对铁斧表面不同锈蚀产物用 XGT-5000 型 X 射线荧光分析显微镜进行半定量元素分析（图 5-8，5-9）。

测试条件为：测试时间 30 s；进程模式 P3；X 光管电流自动；检测孔直径 100μm；X 光管电压 50 kV。检测结果见表 5-2。

表 5-2 铁斧（Z26）锈蚀产物元素成分表（质量分数 wt%）

名称	藏品号	部位	描述	谱图	Fe	Si	Mn	Ca	Al	Pb
铁斧	Z26	器身	瘤状物	5-8	61.0	20.2	8.1	2.0	7.2	0.4
		器身	褐色铁锈	5-9	86.3	3.3	7.8	2.3	/	/

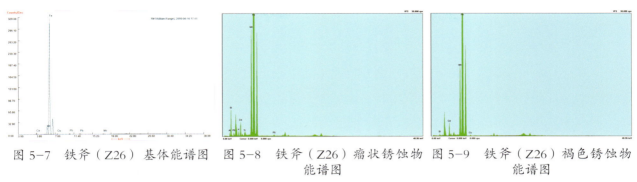

图 5-7　铁斧（Z26）基体能谱图　　图 5-8　铁斧（Z26）瘤状锈蚀物　　图 5-9　铁斧（Z26）褐色锈蚀物
能谱图　　　　　　　　　能谱图

（3）可溶性盐分析

为保护修复过程中脱出可溶盐，需要了解腐蚀产物及附着物中可溶盐内侵蚀性离子的分布状况。采用 ICS — 2500 离子色谱仪对表面瘤状物进行分析（图 5-10）。

测试条件：阴离子色谱柱：lonpac AS18-HC；（4×250mm）；淋洗液：30mmol/LKOH；进样量：25μL；淋洗源：淋洗液发生器；流速：1.2ml/min；温度：30℃；检测器：ASR4-4mm。检测结果为可溶盐中阴离子成分以 F^-、SO_4^{2-} 为主。检测结果见表 5-3。

表 5-3　铁斧（Z26）瘤状物离子色谱结果

名称	藏品号	谱图	描述	部位	F-	Cl-	SO4²⁻	NO³⁻	pH
铁斧	Z26	5-10	瘤状物	表面	1.19mg/L	/	2.67mg/L	/	/

（4）锈蚀微结构分析

为了解器物腐蚀产物的结构，确定腐蚀产物的性质，以便于制定合理有效的除锈方法。运用德国布鲁克 D8 Discover with GADDS 对表面锈蚀产物进行检测。见图 5-11。

测试条件：X 射线：Cu kα（0.1548nm）；管电压：40kV；管电流：40mA。检测结果 α-FeOOH（针铁矿），硬结物为石英、斜长石、钠长石等土壤微粒。

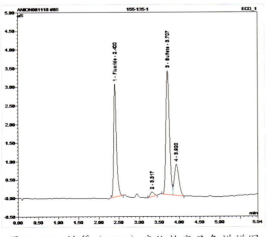

图 5-10　铁斧（Z26）瘤状物离子色谱谱图

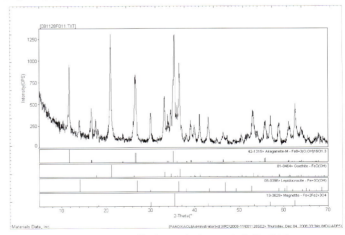

图 5-11　铁斧（Z26）锈蚀微结构图谱

（5）分析小结

铁斧的基体主要为铁，占90.7%，并含有一定量的锰，占7.0%。表层腐蚀产物主要为 α-FeO(OH)（针铁矿）以及土壤微粒的混合。离子色谱结果虽未检测出氯离子，但有少量的硫酸根。总体而言，铁质文物锈层致密、相对稳固，无活泼性较强的有害离子附着。

2. 清洗除锈

按照最小干预原则，根据铁质文物的特点、状态，在分析研究的基础上采用碱性水溶剂或无水溶剂相结合的软化方法，并结合小型器械去除部分区域影响文物外观的表面硬结物和锈蚀物，清洁工作在大视野工作台上或手术显微镜下操作，以确保清洁处理工作的安全和彻底（图5-12）。

3. 脱盐

本项目采用 LiOH 醇法进行脱盐：以甲醇：乙醇：异丙醇 =1:1:4，并加入适量 LiOH 配以脱盐液，将待处理铁质文物密封浸泡。浸泡一周后，通过滴定鉴别脱盐效果，达到脱盐目的即可清水洗涤，脱水晾置，反之则更换新的浸泡液继续脱盐（图5-13）。

图 5-12　机械去锈　　　　　　　　　　　　　　　　　图 5-13　脱盐

4. 缓蚀

本项目主要是采用钼酸钠缓蚀剂对铁质文物进行处理。将脱盐干洁的铁质文物浸入 5% 的钼酸钠水溶液进行缓蚀浸泡一周后，取出，用热吹风干燥。相对于之前的在蒸馏水中浸泡清洗仍可以诱发腐蚀而言，在钼酸钠溶液浸泡中几乎未有新的锈蚀产生。尽管钼酸钠在器物表面析出有白色矿物盐，可用干刷刷除。

5. 封护

采用熔融、稀释后的虫白蜡进行封护处理。

图 5-14　铁斧（Z26）修复前后照片　　　　　图 5-15　铁鍪（Y2728）修复前后照片

第四节　铁器的预防性保护

根据《博物馆藏品保存环境试行规范》、国际文物保护协会、国际博物馆学会的相关要求，铁器的预防性保护建议如下：

1. 库房环境建议

最佳温度控制在 20℃左右，日波动范围小于 5℃；相对湿度为 40% 以下，日波动范围小于 5%。

2. 微环境调控建议

应尽可能恒温恒湿。单独囊匣包装保存，内置干燥剂。不做展陈使用时，使用 RP 材料真空包装存储。严格控制铁器保存的微环境。

3. 展陈环境建议

展柜温度、湿度控制条件与库房一致。由于铁器是非光敏性的，展柜总的可见光照度小于 300lx，紫外光强度小于 20μW/lm 即可。展柜密封性要好，能保证展柜内的洁净度。展品最好半年轮换一次。

第六章
锡器保护修复

第一节　基本信息及保存现状

本次修复的两件锡簋，于20世纪70年代，出土于当阳赵家塝M8，同出器物还有铜鼎、铜盏、铜舟、铜簋、陶豆、陶罐。两件锡簋大小相同。隆盖，喇叭形握手，敛口，内折成子口以承盖，耳作兽首形，鼓腹。腹部、盖面各饰4道凸弦纹。标本ZHM8:13，通高18、口径16.4、腹径20.3、腹深9.6厘米。出土后直接放置于库房，由于库房条件简陋，无恒温恒湿设备，无适宜的保存条件和环境，致使两件锡簋锡疫严重，颜色变灰、酥脆、剥落。如再不进行及时的修复和保护，这两件锡簋将会失去文物价值，时间久了有可能变成粉末。

锡簋（Y251）通体锈蚀。器表、器内土色锈状物、瘤状物层状堆积，一耳断裂。器盖有一处3.9×1.2厘米面积残缺。器腹有一处2.0×0.7厘米面积破洞，表面硬结物堆积。圈足锡疫严重，大面积残缺（图6-1、6-2）。

锡簋（Y252）通体锈蚀。器表、器内土色锈状物、硬结物、瘤状物层状堆积，一耳残损。器盖锈蚀严重，大面积散碎剥落。一条裂缝从口沿处向器腹裂开内凹，呈现出歪曲变形，簋身硬结物堆积。圈足较薄，边缘断裂、卷翘、残缺（图6-3、6-4）。

为了解器物基体与锈蚀层的差异，更进一步探究器物的合金成分，我们对两件锡簋进行便携式XRF无损分析和实验样品采集。样品均取自器物残破处，在满足分析条件的情况下所取样品尽可能小。同一器物尽量选取多件样品，以增加可比性。本次共对两件锡簋的7处进行了取样分析（图6-5，6-6），详见表6-2。

1. 基体合金成分分析

为了对器物基体材质有基础了解，先对样品用细砂纸打磨出光亮断面，然后运用NITON，XLt3-800DPW型便携式荧光能谱仪对器物表面进行了基体成分半定量元素分析（图6-7～6-9）。

测试条件为：X光管，Au靶，最大电压，40kV，最大电流50μA。持续时间30秒。合金模式。结果见表6-1。

表6-1　锡簋便携式能谱检测结果（质量分数 wt%）

文物名称	Fe	Cu	Sn	Pb	Ni
锡簋	2.388	2.218	95.16	0.149	0.049

图 6-1　锡簋（Y251）病害状况示意图

图 6-2　锡簋（Y251）保护修复前照片

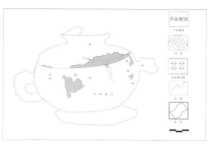

图 6-3　锡簋（Y252）病害状况示意图

图 6-4　锡簋（Y252）保护修复前照片

图 6-5　取样

图 6-6　取样

2. 锈蚀成分分析

为进一步对锈蚀产物物相分析提供参考，为修复工作提供依据，我们对文物表面不同锈蚀产物用 XGT-5000 型 X 射线荧光分析显微镜进行半定量元素分析（图 6-10 ~ 6-12）。

测试条件为：测试时间 30 s；进程模式 P4；X 光管电流自动；检测孔直径 100 μm；X 光管电压 50 kV。测试结果见表 6-2。

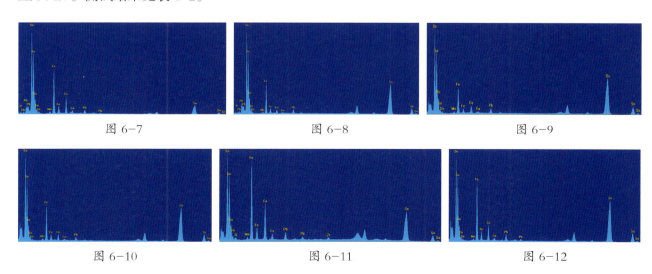

图 6-7　　　　　　　　　　　图 6-8　　　　　　　　　　　图 6-9

图 6-10　　　　　　　　　　图 6-11　　　　　　　　　　图 6-12

表 6-2X 射线荧光分析结果（质量分数 wt%）

文物名称	藏品号	检测部位	谱图	Sn	Pb	Cu	Mn	Fe
锡簋	Y251	器耳	图 6-7	81.32	0.334	4.008	0.542	13.625
		器盖	图 6-8	87.90	0.327	0.903	0.484	10.379
		器身	图 6-9	88.32	0.365	1.817	0.436	9.030
	Y252	器盖	图 6-10	86.09	0.341	1.553	0.524	11.477
		器身 1	图 6-11	71.03	0.976	7.408	0.578	20.01
		器身 2	图 6-12	78.92	0.723	3.382	0.406	16.56

由表 6-1 可以看出，细砂纸打磨出的光亮断面，锡（Sn）、铁（Fe）、铜（Cu）为主要元素，锡（Sn）的含量达到 95.16%，含有少量铁、铜杂质。

由表 6-2 可以看出，原始无处理表面，锡（Sn）、铁（Fe）、铜（Cu）、钙（Ca）为主要元素。表面锈蚀层出现锡流失和铁铜富集现象。

第二节　修复材料与工具

1. 洁除：软毛刷、超声波洁牙机、纯净水、无水乙醇、六偏磷酸钠、烘箱
2. 矫形：五金夹具、橡皮锤、千斤顶
3. 翻模、补配：环氧树脂、原子灰、硅胶、滑石粉、打磨机
4. 封护：3% 的 Paraloid B72 丙酮溶液
5. 做旧：虫胶漆、矿物颜料

第三节　锡器的保护修复

1. 取样检测。分别在器盖、器身不同部位再次取样检测以确定病害程度和器物表面附着物结构、成分及性质，并严格遵循最少干预、可识别性、可再处理性等原则，制定科学的保护修复方案，绝

不随意臆造，画蛇添足。

2.信息采集与建档。修复前对锡簋进行拍照记录，做好器物藏品总账号、来源（出土地点）、年代、质地、尺寸、重量、保存现状、时代背景、病害检测数据等文字记录工作。同时，修复过程中各个步骤都拍照存档，包括修复所用的材料、矫形的位置、补配的依据和部位等信息。

3.清洗去除表面硬结物和土锈。根据检测分析结果，锡簋表面主要是泥土和锈，去除土色锈状物、硬结物、瘤状物即可。先用软毛刷在纯净水中刷洗，将表面土垢去除，再用超声波洁牙机对器物表面硬结物、瘤状物去除，最后用纯净水反复清洗，置于烘箱中烘干。

4.矫形。对变形的区域，采用挤压、橡皮锤捶打、千斤顶顶撑、撬压的方法，通过缓慢施加外力使其逐渐恢复到原来的形状。

5.翻模、补配，填补修整。锡器胎质锈蚀氧化较为严重，无法焊接，同时电焊笔上的高温可能对接触点的锡本体产生损害。因此，器盖、器底、器耳缺失部位，用环氧树脂结构胶成型补配，然后用透明的安特固环氧树脂粘接。补配缺陷处用原子灰修整，原子灰中加入与器物残缺部位附近色调相近的矿物颜料固化后打磨平整。

6.封护。由于锡簋部分基体较为酥脆，因此使用3%的Paraloid B72丙酮溶液对器物进行表面封护处理，隔绝或减少外界环境中的水分、氧气和其他有害成分对器物的锈蚀，达到长久保存的目的。采取喷涂的方式喷涂三次，每次喷涂选择相互垂直的方向进行，避免或减少眩光的产生。

7.做旧。针对补配部位，依据器身上的锈蚀布局，根据锈层的分布，使用传统的做旧方法，使修复的部位达到和原有锈蚀相同效果。我们选用虫胶漆和乙醇作为黏合剂，根据锡簋表面的颜色添加灰、绿的矿物颜料，通过弹、点、抹、拉等技法上色，直至颜色与周边相同为止。

8.填写修复档案。按照《馆藏金属文物保护修复档案记录规范》，详细、规范地称重、测量、照相（拍摄器物现状照片、表面病害图）、记录修复中每一个步骤所使用的修复材料和工艺等，填写完成锡簋保护修复档案。

图 6-13　去锈

图 6-14　补配

图 6-15　打磨

第四节　锡器的预防性保护

1. 后期跟踪调查

文物的保存环境直接影响文物的"寿命"。经保护修复技术处理后的锡器具有一定的抵御环境变化的能力，但是对于文物长期保存来说，还不能达到绝对安全，任何保护修复封护材料都会老化。建议进行后期跟踪调查，每年做一次定期观察检验，发现质变现象，要及时进行保护修复处理。

2. 注重环境监测与控制

为做好锡器预防性保护工作，建议博物馆注重环境监测与控制，环境监测即监控整个库房、工作室和展厅的温湿度，以保证更好地保存文物。及时收集大量的环境监测数据，实现实时的环境控制，预防和抑制生物对文物的损害，把环境控制好了后，至少保证文物不会进一步自然损坏。

3. 微环境控制建议

为每件锡器量身定制囊匣。囊匣制作要尽量使用对锡器文物无害的材料，每件锡器文物囊匣的内衬（囊）要合适，过松则起不到保护作用，过紧则容易损害文物，最好由有经验的技术人员操作，并在囊匣中放置特定的调控材料调节囊匣内的微环境。

4. 库房环境控制建议

根据《博物馆藏品保存环境试行规范》要求，参考国际文物保护协会、国际博物馆学会、国际保存修复中心等组织的有关锡器类文物保存环境要求与标准，为防止锡疫现象的发生，锡器的保存温度不能过低，最佳温度在 18℃ 为宜，不能低于 13℃，且在运输转移过程中，均应保持其储藏设备内的温度，避免受损；同时相对湿度不宜过高，不应超过 50%，日波动范围应小于 5%。可见光控制在 300lx 以内，紫外光控制在 20μW/lm 以内。为控制空气中颗粒污染物和气体污染物的危害，库房应配置空气净化系统。

5. 展陈环境建议

展柜内温度、湿度控制条件与库房保持一致。鉴于锡器的非光敏性的特性，展柜内的可见光照度小于 300lx，展柜的密封性要好，能保证展柜内的洁净度。展品最好半年更换一次。

第七章
项目结项验收

一、宜昌博物馆馆藏青铜文物保护修复（第一批）

2014年5月24日，湖北省文物局组织召开了"宜昌博物馆馆藏青铜文物保护修复中期评估会"，项目实施情况得到了与会专家的充分肯定（图7-1）。

2014年10月，第一批金属文物保护修复工作全部完成。10月17日，湖北省文物局组织专家在我馆召开该项目的结项验收会，博物馆处处长余萍主持会议。专家组（成员包括原故宫博物院科技部主任李化元、原国家博物馆科技部主任周宝中、国家博物馆文物科技保护中心主任潘路、国家博物馆文物科技保护中心研究馆员赵家英、荆州文物保护中心主任吴顺清、湖北省博物馆文保中心主任周松峦）对该项目的文物价值、组织、技术、实施步骤、保护修复效果、档案资料给予了高度肯定，同意该项目通过验收。同时省局综合处副处长何琳等检查了该项目的财务使用情况，并上报省局审核通过该项目的财务验收（图7-2）。

二、宜昌博物馆馆藏金属文物保护修复（第一批补46件/套、第二批）

2016年12月，宜昌博物馆馆藏金属文物保护修复项目全部完成。12月8日，湖北省文物局组织专家在我馆召开该项目的结项验收会，博物馆处处长余萍主持会议。专家组（成员包括原故宫博物院科技部主任李化元、荆州文保中心主任吴顺清、湖北省博物馆文保中心主任周松峦、中国丝绸博物馆陈列保管部主任汪自强、湖北省文物信息交流中心副主任李奇）认为该项目技术合理，操作流程科学，材料安全可靠，保护修复效果良好，资料完整规范，同意通过结项验收。同时省局综合处处长官信等检查了该项目的财务使用情况，并上报省局审核通过该项目的财务验收。在此项目的验收中，对宜昌博物馆馆藏青铜文物补充修复的46件/套文物进行了结项验收（图7-3～7-7）。

图7-1　馆藏青铜文物中期评估

图 7-2　馆藏青铜文物保护修复项目验收

图 7-3　宜昌博物馆馆藏青铜文物保护修
复项目结项验收专家意见

图 7-4　宜昌博物馆馆藏青铜文物保护修
复项目财务验收意见

图 7-5　馆藏金属文物保护修复项目验收

图 7-6　宜昌博物馆馆藏金属文物保护修复项
目结项验收专家意见

图 7-7　宜昌博物馆馆藏青铜（46件／套）金属
文物保护修复项目结项验收专家意见

第八章

保护修复成果

一、培养了文物保护修复专业人才

宜昌历史悠久，馆藏文物丰富，文物的科学保护工作尤显重要。抓住金属文物保护修复项目的难得机遇，在两批金属文物修复中抽调工作人员全程学习金属文物修复相关知识，坚持"以项目培训专业人才"，在实践中培养了保护修复专业人员。并先后安排工作人员参加 2015 年、2017 年湖北省文物局举办的湖北省可移动文物保护修复培训班学习。目前，我馆的文物保护修复人员已经能够独立完成金属、陶瓷等类别文物的保护修复工作，具备一定的文物保护修复理论和技术水平（图 8-1）。

图 8-1 文物保护修复专业人员

二、成立了文保中心

在本项目之前，我馆无馆藏文物保护专业部门，修复工作由地面文物保护部承担，并只承担陶器的考古修复工作，设备和条件都比较简陋。本项目的实施，促使我馆成立了文保中心，并在实践中完善了文保中心的仪器、设备场所等各项条件，建立了完善的修复流程和保护修复期间文物出入库制度等相关规章制度，为今后的文物修复、保护工作提供了保障。

文保中心现设置有独立的科研室（包括仪器室、分析检测室等）、文物修复室（文物清洗室、金属文物修复室、陶器修复室、瓷器修复室、文物修复体验室）。各种修复设施设备齐全。并面向公众定期举办修复体验活动，观众通过预约即可参与活动（图 8-5 ~ 8-12）。

图 8-2 科研室、文物修复室

图 8-3 药品柜

图 8-4 打磨机

图 8-5 无铅纯钛锡炉

图 8-6 多功能砂轮机

图 8-7 操作台、抽尘器、各种修复工具

图 8-8 修复工具

图 8-9 超声波清洗机

图 8-10 修复工具架

图 8-11 "陶里陶器"文物修复体验活动（1）

图 8-12 "陶里陶器"文物修复体验活动（2）

三、积累了文物保护经验

1. 将文物保护项目与单位事业发展相结合

金属文物保护修复项目的实施，促使了我馆文保中心的成立和提高了文物保护修复工作水平，达到了申请文物保护修复资质的要求，现正向湖北省文化和旅游厅申请我馆的文保修复资质。

2.将文物保护项目与人才队伍培养相结合

宜昌博物馆藏品体系完备、数量较多、品类齐全。通过金属文物保护修复项目培养专业人才的方式对于今后我馆的陶瓷器、纸质、金、银、玉等不同材质文物的保护修复工作提供了宝贵的经验。

3.将文物保护修复项目与库房文物日常养护相结合

通过对各种器形金属文物的修复，藏品部工作人员也积累了大量的后期文物维护实践经验，将有效地控制文物受损，延长文物的"寿命"。

四、文物保护修复成果展

2017年1月，"宜昌博物馆馆藏青铜器修复成果展"正式开展。展览共展出74件/套青铜器，都是从典型病害中精挑细选的。从立项、修复工具、修复过程、修复前后的对比、验收等几个方面进行展示。展览向社会大众普及、宣传青铜器保护修复工作，让广大观众了解文物修复过程，同时也增强人们对文化遗产的保护和传承意识。受到观众的一致好评，效果良好（图8-13）。

图8-13　文物保护修复成果展

五、保护和利用完美结合

金属文物修复完成后，一是有效地提高了宜昌博物馆馆藏文物的整体等级水平，为科学研究三峡地区文化面貌提供了更多、更为深入的实物资料。二是为开展区域历史文化和相关学术研究提供了不可多得的实物资料和重要证据。这是一项对国家、对历史负责任，为中华民族传承珍贵历史文化遗产的重要工作。三是丰富了展览内容，为陈列展览提供了更多的"精品"与"亮点"。将修复后的文物，合理地运用多媒体技术、场景复原、模型互动、展品阵列、图文诠释等辅助手段在新馆《巴楚夷陵》《千载峡州》展厅进行展示（图 8-14 ～ 8-20）。

图 8-14　金属文物囊匣　　　　图 8-15　金属文物保管柜　　　　图 8-16　金属文物库房

图 8-17　金属文物库房 A　图 8-18　金属文物库房外部 C 级门　图 8-19　金属文物库房 C 级门环境
　　　级门　　　　　　　　　　　　　　　　　　　　　　　　　　　检测设备

图 8-20 《巴楚夷陵》《千载峡州》展厅展示

六、保护修复研究成果（图8-21，8-22）。

图 8-21 保护修复研究成果　　　　图 8-22 保护修复研究成果

▌结　语

　　无论是在考古工地的文物标本整理间，还是在博物馆的文物修复室，随时可见文物保护修复师的身影。他们或在拼对，或在粘接，或在补配，或在全色做旧……他们在为每一件文物重见天日呕心沥血。

　　人类的一切活动都会成为历史。为找回那些遗失的片段，弥补那些缺失的过程，恢复它原有的面貌，于是社会上应运而生了考古工作者。他们唤醒每一处遗迹的时候，都会印证一段久远、尘封的历史，每一件出土的文物都会是这段尘封历史的细小组成部分。学者们想要还原这段历史，就必须对各种细小的组成部分——文物进行深入的研究。而不管是何种遗迹发掘出土的文物或多或少都存在各种不同破损、缺失，在此背景下，文物保护修复师开始登上历史舞台。在文物修复师眼里，每一块文物碎片都是一个待开解的谜，经过一次又一次的拼对、补配，当这些碎片最后被修复成一件完整器时，就为学者们解读历史、研究历史、还原历史事实，为观众了解历史提供了新的媒介。文物修复工作让沉睡于地下的文物重现光华，让世人感受古人在制造工艺、艺术追求、精神信仰等方面的各种信息。

　　感谢本项目的文物修复师们，你们的妙手让一件件文物重获新生；感谢参与本项目的所有工作人员，你们为项目方案编制、实施、验收付出了努力；感谢为本项目提供建议与支持的专家、领导们，在你们的帮助下项目才得以顺利推进，完成。你们的付出让这批文物得以在宜昌博物馆新馆展厅中展出，为文物的传承、研究、展示和活化利用方面做出了应有的贡献。

附录一
文物保护修复
档案选录

1. 铜簠（Y278）修复档案

文物保护修复基本信息表

文物名称		铜簠	
收藏单位	宜昌博物馆	文物登录号	Y278
文物来源	当阳第一电厂 M1 出土	文物时代	春秋
文物材质	铜	文物级别	未定级
方案设计单位	国家博物馆	保护修复单位	北京鉴衡文物修复中心
方案名称及编号	《宜昌博物馆馆藏金属文物保护修复方案》	批准单位及文号	国家文物局 文物博涵〔2015〕1934 号
提取日期	2016-3-4	提取经办人	董清丽、靖立军、王炳合
返还日期	2016-7-26	返还经办人	向光华、董清丽、孙振翔

备注：
　　通体锈蚀、硬结物，碎片。

文物保存现状表 1

保护处理前尺寸 (cm)	长 28.3，宽 20.6，高 9.3	保护处理前重量 (g)		5000.0
文物原埋藏及保存环境	馆藏文物，存放于宜昌博物馆库房，库房为旧房改造，器物库房内呈密集叠压排放，库房内无空气调节和空气过滤净化设备，仅靠自然大气环境。			
病害状况	病害描述	通体锈蚀、硬结物，碎片。		

文物保存现状表 2

原保护修复情况	器物未见明显保护修复痕迹。
保护修复前影像资料	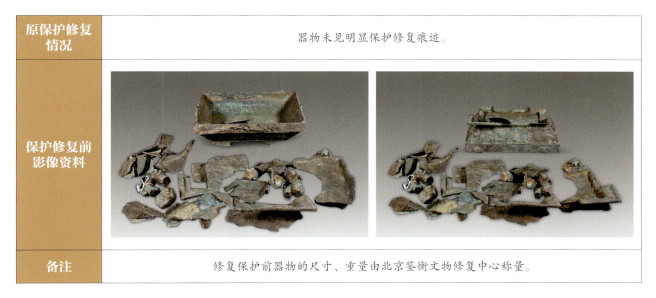
备注	修复保护前器物的尺寸、重量由北京鉴衡文物修复中心称量。

文物保护修复表 1

文物保护修复情况综述（1. 操作步骤；2. 所用材料及化学试剂）：

1. 保护修复步骤：

（1）对文物拍照，病害记录，称重，测量尺寸，建立保护修复档案。

（2）机械法和化学法结合去除表面泥锈和硬结物。

（3）拼对、焊接。

（4）石膏翻模、环氧树脂胶棒补配。

（5）涂抹原子灰，打磨。

（6）用 2% 浓度的 BTA 乙醇溶液对文物表面进行缓蚀处理。

（7）用 2% 浓度的 B72 丙酮溶液对文物进行表面封护处理。

（8）做旧。

2. 所用材料及化学试剂

材料：去离子水，焊锡、环氧胶棒、石膏、滑石粉、AB 胶、原子灰、各种矿物颜料、酒精漆片、B72、缓蚀剂 BTA 等。

化学试剂（AR）：乙醇、丙酮。

文物保护修复表 1

<table>
<tr><td>保护处理后尺寸(cm)</td><td>长 28.3，宽 20.6，高 9.3</td><td>保护处理后重量(g)</td><td>4000.0</td></tr>
<tr><td rowspan="4">保护修复中影像资料</td><td colspan="3">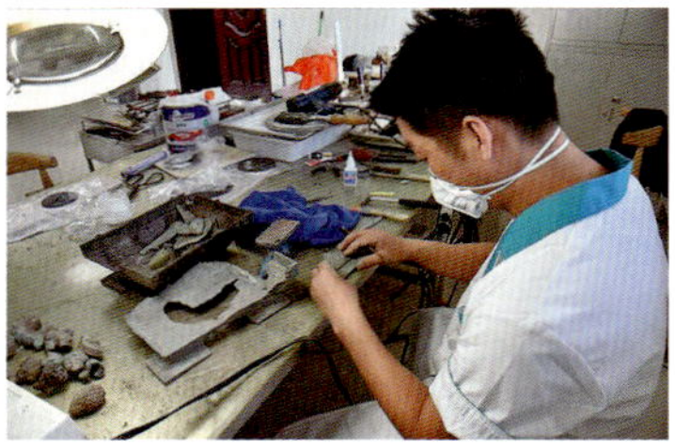 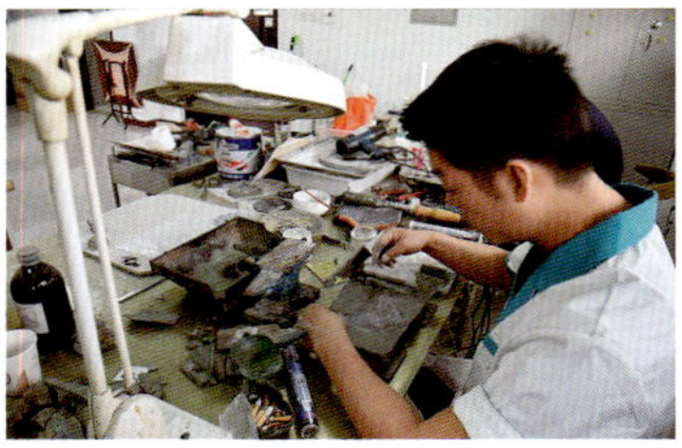 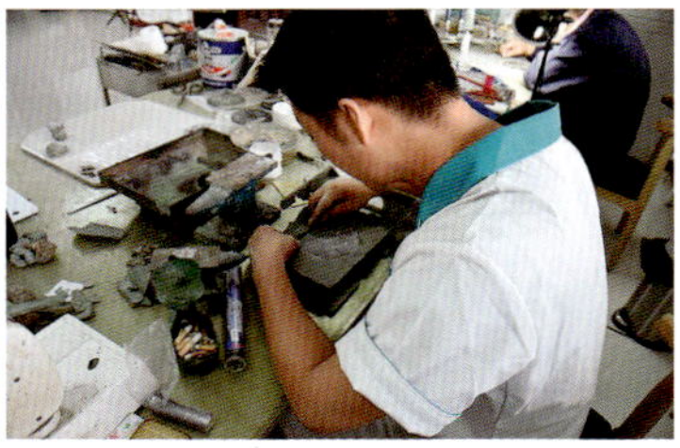
拼对焊接</td></tr>
<tr><td colspan="3">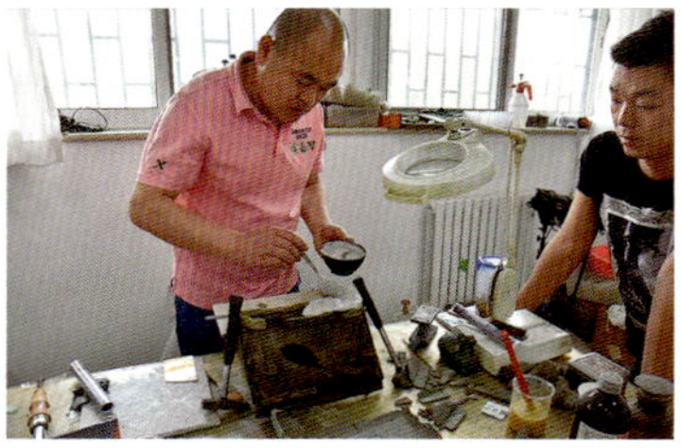 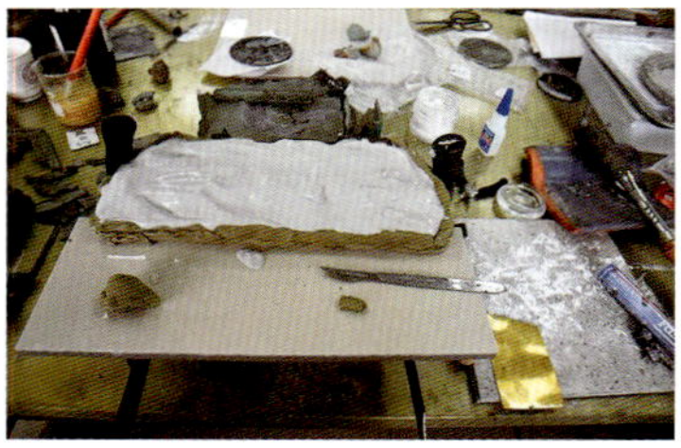 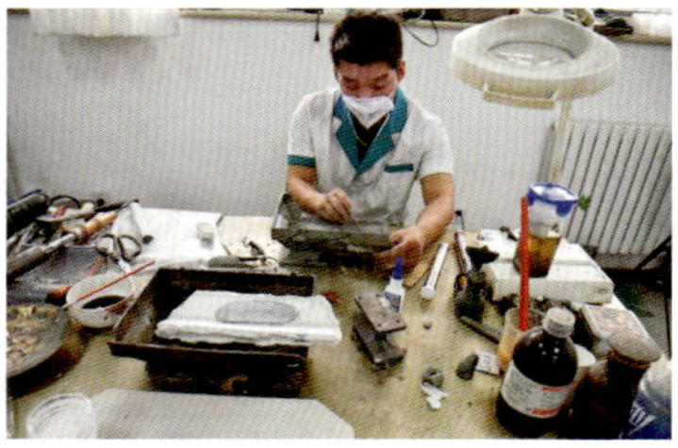
石膏翻模</td></tr>
<tr><td colspan="3">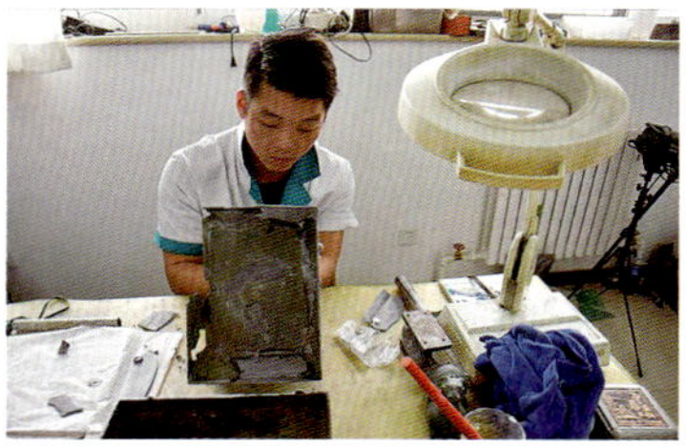 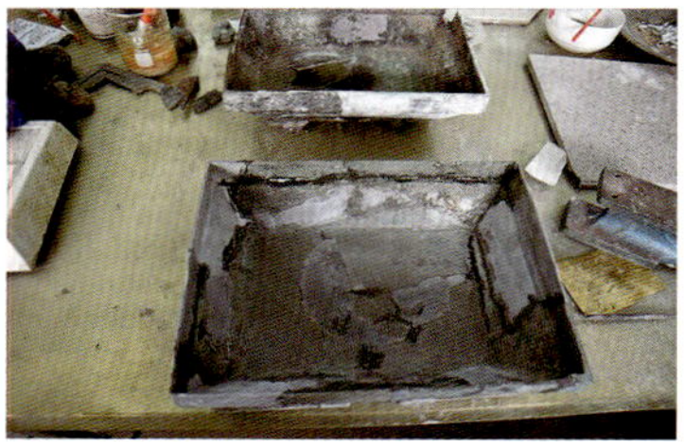 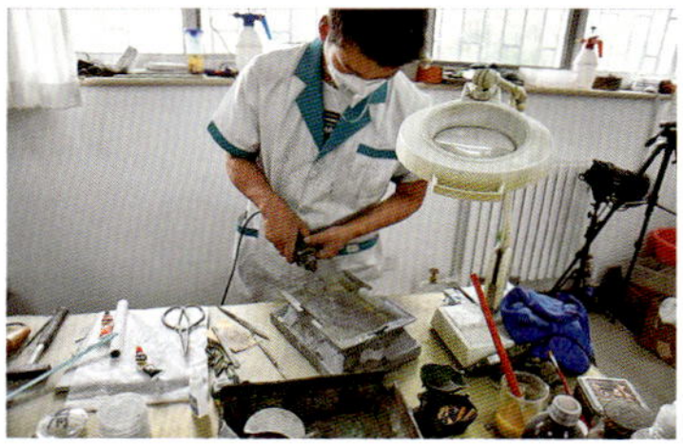
环氧树脂补配　打磨</td></tr>
<tr><td colspan="3">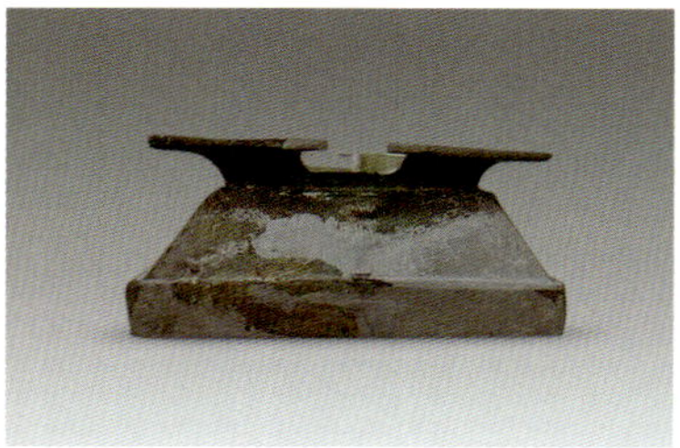 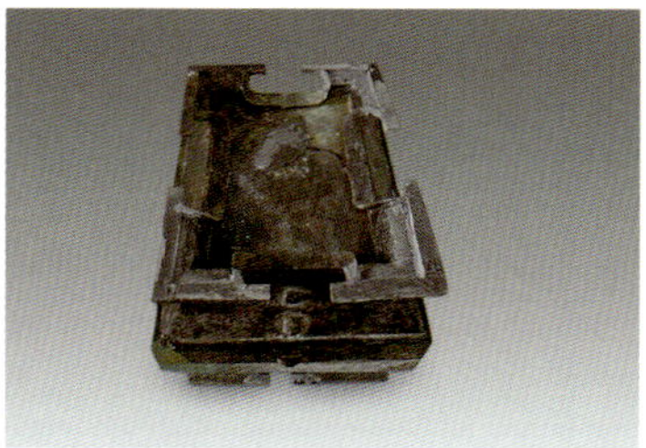 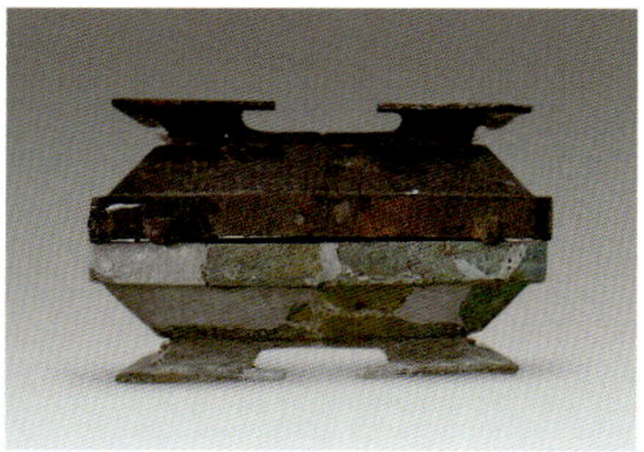
补配完成</td></tr>
</table>

续表

保护修复中影像资料		做旧	
保护修复后影像资料			
完成日期	2016-6-3	**保护修复人** 税元斌	**审核人** 孙振翔

保护修复日志

一、采集影像资料（文物照片）。

二、保存现状记录。

三、保护修复：

2016年3月8日　星期一

1. 把文物从文物保管柜提取到工作台。

2. 对文物进行拍照，并对病害部位及病害程度进行文字记录，称重、测量尺寸，建立基础档案资料。

3. 将文物暂存文物保管柜。

2016年5月13日　星期五

1. 把文物从文物保管柜提取到工作台。

2. 使用锤击法机械去除表面硬结物。

2016 年 5 月 14 日　星期六

1. 继续使用锤击法机械去除表面硬结物。

2. 在去离子水中进行浸泡。

2016 年 5 月 16 日　星期二

1. 用洁牙机去除残余硬结物和土绣。

2. 用纯净水反复清洗残留在器物上的余锈。

2016 年 5 月 17 日　星期二

对碎片部分进行拼对，边拼对边焊接。焊接完成后放入纯净水中去焊药。

2016 年 5 月 19 日　星期四

大块残缺部位，在簋的另一半上用石膏进行翻模。

2016 年 5 月 23 日　星期一

用环氧树脂进行补配，安特固 AB 胶粘接。

2016 年 5 月 25 日　星期三

补配修复部位涂原子灰，原子灰中加入矿物颜料进行搅拌，晾干。

2016 年 5 月 26 日　星期四

1. 用砂纸打磨平整。

2. 使用 2% 浓度苯并三氮唑乙醇溶液浸泡器物进行缓蚀处理。

2016 年 5 月 30 日　星期一

使用 2% 浓度的 B72 丙酮溶液对器物进行表面封护处理。封护涂刷次数以表面成膜情况而定。

2016 年 6 月 1 日　星期三

续表

使用酒精漆片调矿物颜料对补配部位进行区分随色处理。

2016 年 6 月 3 日　星期五

1. 对保护修复后的铜簋进行称重、测量尺寸，用数码照相机进行照相记录。

2. 完成铜簋的保护修复档案。

自评估意见：

遵循修旧如旧和最小干预等基本原则，成功地保护了这件铜簋，恢复了它原有的风貌，使其历史、艺术价值得以充分体现。在保护和修复过程中坚持了最少干预的原则，尊重历史、尊重文物原貌。

铜簋修复后，达到了展览和库房长期存放的要求。

建议收藏单位采取文物保存环境控制措施，适宜温度为 20℃ ~ 25℃，适宜相对湿度为 40% 以下，对保护处理后的器物进行恒温恒湿保存。若条件有限，可将文物置于干燥环境中存放。

2. 铜镜（Z462）修复档案

文物保护修复基本信息表

文物名称	铜镜		
收藏单位	宜昌博物馆	文物登录号	Z462
文物来源	宜昌葛洲坝出土	文物时代	东汉
文物材质	铜	文物级别	三级
方案设计单位	国家博物馆	保护修复单位	北京鉴衡文物修复中心
方案名称及编号	《宜昌博物馆馆藏青铜器保护修复方案》	批准单位及文号	国家文物局 文物博函〔2013〕810 号
提取日期	2014-4-14	提取经办人	孙振翔
返还日期	2014-7-28	返还经办人	孙振翔

备注：
多处有害锈，锈蚀严重。

文物保存现状表 1

保护处理前尺寸(cm)	直径 14.0	保护处理前重量(g)	417.0
文物原埋藏及保存环境	馆藏文物，存放于宜昌博物馆库房，库房为旧房改造，器物库房内呈密集叠压排放，库房内无空气调节和空气过滤净化设备，仅靠自然大气环境。		
病害状况 病害描述	多处有害锈，锈蚀严重。		

文物保存现状表 2

原保护修复情况	器物未见明显保护修复痕迹。
保护修复前影像资料	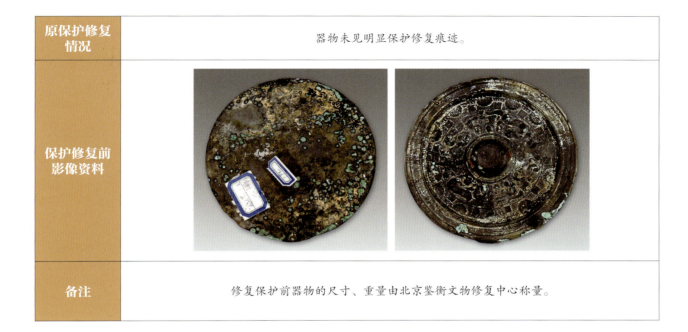
备注	修复保护前器物的尺寸、重量由北京鉴衡文物修复中心称量。

文物保护修复表 1

文物保护修复情况综述（1. 操作步骤；2. 所用材料及化学试剂）：

1. 保护修复步骤：

（1）对文物拍照，病害记录，称重，测量尺寸，建立保护修复档案。

（2）机械法和化学法结合去除表面有害锈。

（3）用 3% 浓度的 BTA 乙醇溶液对器物表面进行缓蚀处理。

（4）用 2% 浓度的 B72 丙酮溶液对文物进行表面封护处理。

2. 所用材料及化学试剂

材料：去离子水，倍半溶液、锌粉、脱脂棉、纯净水、B72、缓蚀剂 BTA 等。

化学试剂（AR）：乙醇、丙酮。

文物保护修复表 2

保护处理后尺寸 (cm)	直径 14.0		保护处理后 重量（四）	414.0
保护修复中影像资料				
	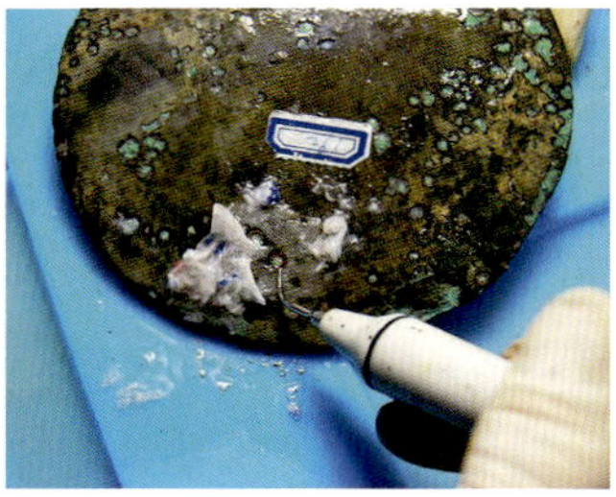 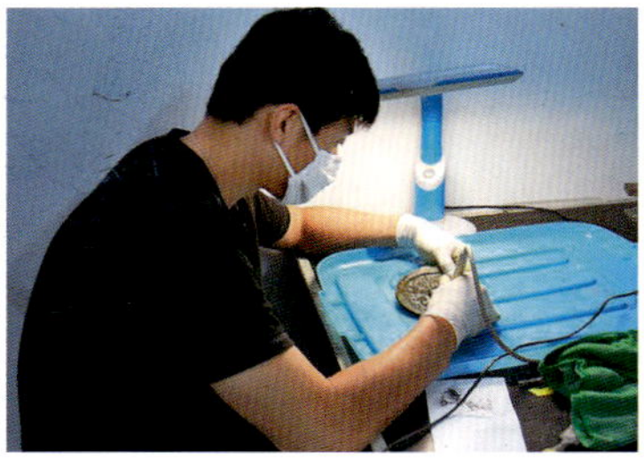  去除标签，标签下隐藏有害锈		Zn 粉置换法去除有害锈	
保护修复后影像资料				
完成日期	2014-4-25	保护修复人	陈垚	审核人 孙振翔

保护修复日志

一、采集影像资料（文物照片）。

二、保存现状记录。

三、保护修复：

2014 年 4 月 11 日　星期五

1. 双方文物移交，把文物从库房提取到修复室。

2. 对文物进行拍照，并对病害部位及病害程度进行文字记录、称重、测量尺寸，建立基础档案资料。

3. 将文物暂存文物保管柜。

2014 年 4 月 16 日　星期三

1. 把文物从文物保管柜提取到工作台。

2. 使用软毛刷蘸纯净水清洗文物，使用洁牙机对器物表面标签纸、有害锈去除后再用纯净水反复清洗。

3. 放入倍半溶液中浸泡一周。

2014 年 4 月 23 日　星期三

因锈蚀严重，采用锌粉和无水乙醇溶液涂抹，再用脱脂棉蘸纯净水覆盖，最后用保鲜膜包裹去除残余有害锈。

2014 年 4 月 24 日　星期四

1. 使用软毛刷蘸纯净水清洗文物

2. 晾干，使用 3% 浓度的 BTA 乙醇溶液对器物进行缓蚀处理。

2014 年 4 月 25 日　星期五

1. 使用 2% 浓度的 B72 丙酮溶液对器物进行表面封护处理。封护涂刷次数以表面成膜情况而定。

2. 完成铜镜的保护修复档案。

文物保护修复验收表

自评估意见：

遵循修旧如旧和最小干预等基本原则，成功地保护了这件铜镜，恢复了它原有的风貌，使其历史、艺术价值得以充分体现。在保护和修复过程中坚持了最小干预的原则，尊重历史、尊重文物原貌。

铜镜修复后，达到了展览和库房存放的要求。

建议收藏单位采取文物保存环境控制措施，适宜温度为 20℃ ~ 25℃，适宜相对湿度为 40% 以下，对保护处理后的器物进行恒温恒湿保存，并加强日常监测。若条件有限，可将文物置于干燥环境中存放。

3. 铜壶（Z624）修复档案

文物保护修复基本信息表

文物名称	铜壶		
收藏单位	宜昌博物馆	文物登录号	Z624
文物来源	秭归卜庄河 M29 出土	文物时代	西汉
文物材质	铜	文物级别	二级
方案设计单位	国家博物馆	保护修复单位	北京鉴衡文物修复中心
方案名称及编号	《宜昌博物馆馆藏青铜器保护修复方案》	批准单位及文号	国家文物局文物博函〔2013〕810 号
提取日期	2014-4-14	提取经办人	向光华、孙振翔
返还日期	2014-7-28	返还经办人	孙振翔、向光华

备注：
全面锈蚀，表面硬结物，腹部一残洞、裂隙。

文物保存现状表 1

保护处理前尺寸(cm)	口径 9.6，高 25.3，通高 30.2	保护处理前重量(g)	残重 1562.0
文物原埋藏及保存环境	馆藏文物，存放于宜昌博物馆库房，库房为旧房改造，器物库房内呈密集叠压排放，库房内无空气调节和空气过滤净化设备，仅靠自然大气环境。		
病害状况	病害描述	全面锈蚀，表面硬结物，腹部一残洞、裂隙。	
	病害图示	病害线图：  Z624 铜壶病害图	

文物保存现状表 2

原保护修复情况	器物未见保护修复痕迹。
保护修复前影像资料	
备注	修复保护前器物的尺寸、重量由北京鉴衡文物修复中心称量。

文物保护修复表 1

文物保护修复情况综述（1. 操作步骤；2. 所用材料及化学试剂）：

1. 保护修复步骤：

（1）对文物拍照，病害记录，称重，测量尺寸，建立保护修复档案。

（2）矫形。

（3）硅胶翻模。

（4）焊接、环氧树脂胶棒补配。

（5）涂抹原子灰，打磨。

（6）用 3% 浓度的 BTA 乙醇溶液对器物表面进行缓蚀处理。

（7）用 2% 浓度的 B72 丙酮溶液对文物进行表面封护处理。

（8）做旧。

2. 所用材料及化学试剂

材料：铅锤、矫形工具、去离子水，焊锡、紫铜板、环氧胶棒、硅胶、滑石粉、AB 胶、原子灰、各种矿物颜料、酒精漆片、B72、缓蚀剂 BTA 等。

化学试剂（AR）：乙醇、丙酮。

文物保护修复表 2

保护处理后尺寸 (cm)	高 25.3cm，口径 9.6cm		保护处理后重量 (g)	1785.0
保护修复中影像资料	 机械去除硬结物 	拼对焊接 		环氧树脂补配
保护修复后影像资料				
完成日期	2014-6-11	保护修复人	王炳合	审核人	孙振翔

保护修复日志

2014 年 4 月 11 日 星期五

1. 双方文物移交，把文物从库房提取到修复室。

2. 对文物进行拍照，并对病害部位及病害程度进行文字记录，称重、测量尺寸，建立基础档案资料。

3. 将文物暂存文物保管柜。

2014 年 5 月 30 日星期五

1. 把文物从文物保管柜提取到工作台。

2. 矫形。器物铜的质地较好，器形较薄，先用撬压法矫形至一定程度，后使用锤击法进行矫正，使用铅锤子反复锤击，矫正至变形部位恢复原状。

2014 年 6 月 3 日 星期二

纹饰处用硅胶翻模。

2014 年 6 月 4 日 星期三

1. 无纹饰处用铜皮剪成残损部位大小，用锡焊工艺法进行焊接。

2. 焊接完成后放入纯净水浸泡去除焊药。

2014 年 6 月 5 日 星期五

1. 纹饰处用环氧树脂胶棒补配，AB 胶粘接。

2. 补配修复部位涂抹原子灰，原子灰中加矿物颜料，晾干后打磨平整。

2014 年 6 月 10 日 星期二

使用 3% 浓度的 BTA 乙醇溶液对铜壶进行缓蚀处理。

2014 年 6 月 11 日 星期三

1. 使用 2% 浓度的 B72 丙酮溶液对器物进行表面封护处理。封护涂刷次数以器物表面成膜情况而定。

2. 针对补配部位，用"点泥做锈"的方法，依据器身上的锈蚀布局，使修复的部位达到和原有锈蚀相同效果。

3. 完成铜壶的保护修复档案。

自评估意见：

遵循修旧如旧和最小干预等基本原则，成功地保护了这件铜壶，恢复了它原有的风貌，使其历史、艺术价值得以充分体现。在保护和修复过程中坚持了最少干预的原则，尊重历史、尊重文物原貌。

铜壶修复后，达到了展览和库房长期存放的要求。

建议收藏单位采取文物保存环境控制措施，适宜温度为 20℃ ~ 25℃，适宜相对湿度为 40% 以下，对保护处理后的器物进行恒温恒湿保存。若条件有限，可将文物置于干燥环境中存放。

4. 铜戈（Y118）修复档案

文物保护修复基本信息表

文物名称	铜戈		
收藏单位	宜昌博物馆	文物登录号	Y118
文物来源	当阳岱家山 M128 出土	文物时代	战国
文物材质	铜	文物级别	三级
方案设计单位	国家博物馆	保护修复单位	北京鉴衡文物修复中心
方案名称及编号	《宜昌博物馆馆藏金属文物保护修复方案》	批准单位及文号	国家文物局 文物博涵〔2015〕1934 号
提取日期	2016-3-4	提取经办人	董清丽、靖立军、王炳合
返还日期	2016-7-26	返还经办人	向光华、董清丽、孙振翔

备注：
全面锈蚀，戈援侧、内侧皆有硬结物，一穿孔处有小部分残缺，内侧有一裂隙。

文物保存现状表 1

保护处理前尺寸 (cm)	长 21.7，宽 12.5，厚 0.8	保护处理后重量 (g)	210.0
文物原埋藏及保存环境	馆藏文物，存放于宜昌博物馆库房，库房为旧房改造，器物库房内呈密集叠压排放，库房内无空气调节和空气过滤净化设备，仅靠自然大气环境。		
病害状况	病害描述	全面锈蚀，戈援侧、内侧皆有硬结物，一穿孔处有小部分残缺，内侧有一裂隙。	
	病害图示		

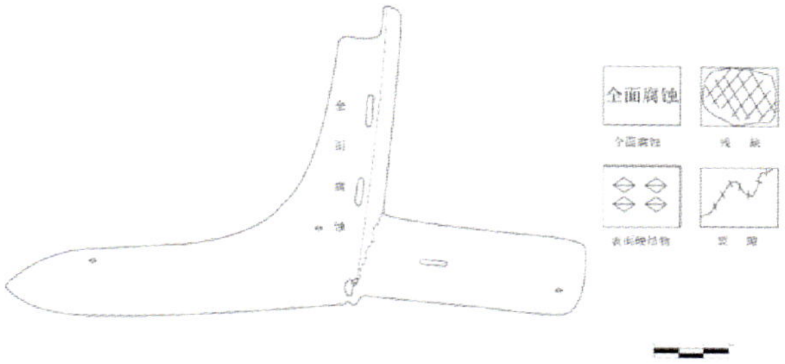

文物保存现状表 2

原保护修复情况	器物粘接痕迹明显。
保护修复前影像资料	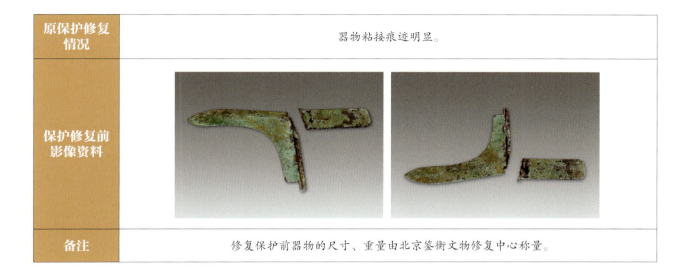
备注	修复保护前器物的尺寸、重量由北京鉴衡文物修复中心称量。

文物保护修复表 1

文物保护修复情况综述（1. 操作步骤；2. 所用材料及化学试剂）：

1. 保护修复步骤：

（1）对文物拍照，病害记录，称重，测量尺寸，建立保护修复档案。

（2）浸泡拆分。

（3）清洗去除表面硬结物。

（4）焊接。

（5）涂抹原子灰，打磨。

（6）用 2% 浓度的 BTA 乙醇溶液对器物表面进行缓蚀处理。

（7）用 2% 浓度的 B72 丙酮溶液对文物进行表面封护处理。

（8）做旧。

2. 所用材料及化学试剂

材料：去离子水，焊锡、紫铜板、环氧胶棒、AB 胶、原子灰、各种矿物颜料、酒精漆片、B72、缓蚀剂 BTA 等。

化学试剂（AR）：乙醇、丙酮。

文物保护修复表 2

保护处理后尺寸 (cm)	长 21.7，宽 12.5，厚 0.8		保护处理后重量 (g)	210.0
保护修复中影像资料	   机械去除表面硬结物	焊接		
保护修复后影像资料				
完成日期	2016-6-20	保护修复人	税元斌	审核人 孙振翔

保护修复日志

2016 年 6 月 16 日 星期四

1. 把文物从文物保管柜提取到工作台。

2. 对文物进行拍照，并对病害部位及病害程度进行文字记录，称重、测量尺寸，建立基础档案资料。

2016 年 6 月 17 日 星期五

1. 将青铜戈放入丙酮溶液中浸泡，拆分，用棉花蘸丙酮擦拭去除胶结痕迹。

2. 使用软毛刷蘸纯净水清洗文物。

3. 使用洁牙机去除器物表面硬结物，去除后再用纯净水反复清洗。

2016 年 6 月 18 日 星期六

1. 先用切割机打个槽口，把铜皮剪成细条卡在中间，再焊接。

2. 裂隙处用环氧树脂胶棒补配。

3. 焊接部位进行涂原子灰，原子灰中加入与器物残缺部位附近相近的矿物颜料进行涂抹，晾干后打磨平整。

2016 年 6 月 19 日 星期日

使用 3% 浓度的 BTA 乙醇溶液对青铜器进行缓蚀处理。

2016 年 6 月 20 日 星期一

1. 使用 2% 浓度的 B72 丙酮溶液对铜戈进行封护处理。封护涂刷次数以器物表面成膜情况而定。

2. 针对补配部位，用"点泥做锈"的方法，依据器身上的锈蚀布局，使修复的部位达到和原有锈蚀相同效果。

3. 完成铜戈的保护修复档案。

自评估意见：

遵循修旧如旧和最小干预等基本原则，成功地保护了这件铜戈，恢复了它原有的风貌，使其历史、艺术价值得以充分体现。在保护和修复过程中坚持了最少干预的原则，尊重历史、尊重文物原貌。

铜戈复后，达到了展览和库房长期存放的要求。

建议收藏单位采取文物保存环境控制措施，适宜温度为 20℃ ~ 25℃，适宜相对湿度为 40% 以下，对保护处理后的器物进行恒温恒湿保存。若条件有限，可将文物置于干燥环境中存放。

5. 铁鍪（Y2728）修复档案

文物保护修复基本信息表

文物名称	铁鍪		
收藏单位	宜昌博物馆	**文物登录号**	Y2728
文物来源	宜昌前坪天灯包 M93 出土	**文物时代**	汉
文物材质	铁	**文物级别**	未定级
方案设计单位	北京鉴衡文物修复中心	**保护修复单位**	北京鉴衡文物修复中心
方案名称及编号	《湖北省宜昌博物馆馆藏金属文物保护修复方案》	**批准单位及文号**	湖北省文物局
提取日期	2014-12-26	**提取经办人**	向光华，周华蓉，黄帆
返还日期	2016-3-6	**返还经办人**	孙振翔、向光华、董清丽

备注：
严重锈蚀，酥粉破碎，矿化。

文物保存现状表 1

保护处理前尺寸 (cm)	/	**保护处理前重量 (g)**	1200.0
文物原埋藏及保存环境	该件器物出土后未做任何保护修复技术处理，存放于宜昌博物馆库房，器物库房内呈密集叠压排放，库房内无空气调节和空气过滤净化设备，仅靠自然大气环境。		
病害状况 病害描述	严重锈蚀，酥粉破碎，矿化。		

文物保存现状表 2

原保护修复情况	器物未见保护修复痕迹。
保护修复前影像资料	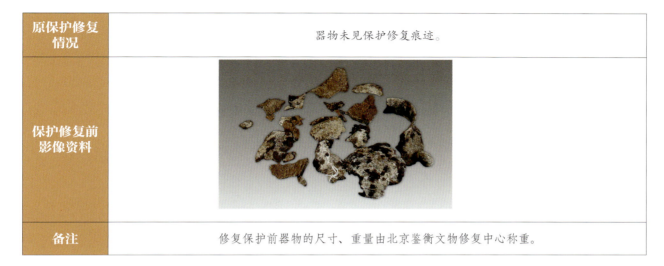
备注	修复保护前器物的尺寸、重量由北京鉴衡文物修复中心称重。

文物保护修复表 1

文物保护修复情况综述（1. 操作步骤；2. 所用材料及化学试剂）：

1. 保护修复步骤：

（1）对文物拍照，病害记录，称重，测量尺寸，建立保护修复档案。

（2）去锈。

（3）脱盐。

（4）拼对粘接。

（5）环氧树脂胶棒补配、塑形。

（6）涂抹原子灰，打磨。

（7）缓蚀。

（8）封护。

（9）做旧。

2. 所用材料及化学试剂

材料：安固特 AB（树脂）胶、（美国普施公司进口）万能修补胶、原子灰、各种矿物颜料、铁沫、B72 等。

化学试剂（AR）：钼酸钠、碳酸钠、碳酸氢钠。

文物保护修复表 2

保护处理后尺寸(cm)		口径 13.5 高 16.0		保护处理后重量(g)		1120.0
保护修复中影像资料						
保护修复后影像资料						
完成日期	2015-2-16	保护修复人	王炳合	审核人		孙振翔

保护修复日志

2015 年 1 月 12 日 星期一

1. 把文物从文物保管柜提取到工作台。

2. 对文物进行拍照，并对病害部位及病害程度进行文字记录，称重、测量尺寸，建立基础档案资料。

2015 年 1 月 13 日 星期二

铁鍪锈蚀严重，将器物浸泡倍半碳酸钠溶液一周，进行化学除锈。

2015 年 1 月 20 日　星期二

1. 将铁鍪从倍半溶液中捞出，在纯净水进行清洗。

2. 采用 LiOH 醇法进行脱盐，以甲醇：乙醇：异丙醇 =1：1：4，并加入适量 LiOH 配以脱盐液，将铁鍪密封浸泡。浸泡一周后，通过滴定鉴别脱盐效果。

2015 年 1 月 27 日　星期四

1. 拼对，边拼对边用环氧树脂 AB 胶粘接。

2. 残缺部位用（美国普施公司进口）万能修补胶补配。

3. 用雕塑泥对文物进行填充，用竹片按照文物弧度进行塑形，把（美国普施公司进口）万能修补胶贴补在残缺部位。

2015 年 1 月 30 日　星期五

1. 雕塑泥晾干后，按照文物形状的弧度打磨，用环氧树脂 AB 胶粘接加固。

2. 取出雕塑泥。

3. 抹上一层原子灰，原子灰调制时，加入适量颜色和铁沫，达到与器物颜色相近。

2015 年 2 月 5 日　星期四

1. 干后，再用锉和砂纸，将原子灰打磨平整。

2. 将文物浸泡于 5% 钼酸钠溶液进行缓蚀。

3. 阴干后对其表面使用 2% 的丙烯酸树脂 B72 做封护处理。

2015 年 2 月 15 日　星期日

1. 对修补部位进行随色处理。

2. 对保护修复后的铁鍪进行称重、测量尺寸，使用数码照相机进行照相记录。

2015 年 2 月 16 日　星期一

填写完成铁鍪的保护修复档案。

自评估意见：

  针对铁鍪自身病害情况，制定了相应的保护修复程序，并在修复前查询了相应同时代此类器物和特征，以此标准作为器形的修复参考，保证了器形整体统一，利于今后的研究工作。在修复材料与修复方法方面，权衡利弊后选择了相应的修复工艺和修复材料。

  铁鍪修复后，达到了展览和库房存放的要求。

  建议收藏单位采取文物保存环境控制措施，适宜温度为20℃～25℃，适宜相对湿度为40%以下，对保护处理后的器物进行恒温恒湿保存。若条件有限，可将文物置于干燥环境中存放。

6. 锡簋（Y251）修复档案

文物保护修复基本信息表

文物名称	锡簋		
收藏单位	宜昌博物馆	**文物登录号**	Y251
文物来源	当阳赵家湖 M8 出土	**文物时代**	春秋
文物材质	锡	**文物级别**	三级
方案设计单位	国家博物馆	**保护修复单位**	北京鉴衡文物修复中心
方案名称及编号	《宜昌博物馆馆藏金属文物保护修复方案》	**批准单位及文号**	国家文物局 文物博涵〔2015〕1934 号
提取日期	2016-3-4	**提取经办人**	董清丽、靖立军、王炳合
返还日期	2016-7-26	**返还经办人**	向光华、董清丽、孙振翔

备注：
全面锈蚀，簋盖、腹及圈足部有残缺，簋腹部表面有硬结物。

文物保存现状表 1

保护处理前尺寸 (cm)	残高 15.9，腹径 18.8	**保护处理前重量 (g)**	1630.0
文物原埋藏及保存环境	馆藏文物，存放于宜昌博物馆库房，库房为旧房改造，器物库房内呈密集叠压排放，库房内无空气调节和空气过滤净化设备，仅靠自然大气环境。		
病害状况 病害描述	全面锈蚀，簋盖、腹及圈足部有残缺，簋腹部表面有硬结物。		
病害图示			

文物保存现状表 2

原保护修复情况	器物未见保护修复痕迹。
保护修复前影像资料	 
备注	修复保护前器物的尺寸、重量由北京鉴衡文物修复中心称量。

文物保护修复表 1

文物保护修复情况综述（1. 操作步骤；2. 所用材料及化学试剂）：

1. 保护修复步骤：

（1）采集影像资料，对修复前锡簋进行拍摄。

（2）文物基本信息记录。

（3）文物保存现状记录，建立保护修复档案，病害图示记录。

（4）清洗去除表面硬结物。

使用软毛刷蘸纯净水清洗文物，使用洁牙机对器物表面硬结物去除后再用纯净水反复清洗。

（5）补配粘接

残缺部位用胶棒补配，安特固 AB 胶粘接。

（6）缓蚀

使用 2% 浓度的 BTA 乙醇溶液对青铜器进行缓蚀处理。

（7）封护

使用 2% 浓度的 B72 丙酮溶液对文物进行表面封护处理。封护涂刷次数以表面成膜情况而定。

（8）随色

根据文物原有颜色及色泽，使用酒精漆片调各色矿物颜料对补配部位进行随色处理，使全器再现文物古朴的风格色调。

2. 所用材料及化学试剂

材料：胶棒、紫铜板、原子灰、各种矿物颜料、酒精漆片、B72、缓蚀剂 BTA 等。

化学试剂（AR）：乙醇、丙酮。

文物保护修复表 2

保护处理后尺寸 (cm)	高 15.9，腹径 18.8	保护处理后重量 (g)	1450.0
保护修复中影像资料	 		

续表

保护修复中影像资料			
完成日期	2016-6-22	保护修复人 陈垚	审核人 孙振翔

保护修复日志

2016 年 3 月 7 日　星期一

1. 把文物从文物保管柜提取到工作台。

2. 对文物进行拍照，并对病害部位及病害程度进行文字记录，称重、测量尺寸，建立基础档案资料。

3. 将文物暂存文物保管柜。

2106 年 5 月 5 日　星期四

1. 把文物从文物保管柜提取到工作台。

2. 分别在器盖、器身不同部位取样检测。

2016 年 5 月 10 日　星期三

1. 根据检测结果，把锡簋放入 5% 倍半碳酸钠溶液中浸泡，去除锡疫，开始时一星期换一次溶液，15 天后再换一次溶液，一个月后取出。

2. 在纯净水中浸泡一周，去除多余的倍半碳酸钠。

2016 年 6 月 17 日　星期五

将锅内加水漫过锡簋，1000 瓦的功率沸水中煮，边煮边观察锡簋的颜色，煮 50 分钟后锡簋没有任何变化，关火，取出锡簋。（这样做是让锡簋的锡疫不再发展）

2016 年 6 月 17 日　星期六

1.使用软毛刷蘸纯净水清洗文物,使用洁牙机去除器物表面硬结物,去除后再用纯净水反复清洗。

2. 器盖、器底、器耳缺失部位，用胶棒翻模，然后用安特固 AB 胶粘接。器腹缺失部位直接用胶棒补配。

2016 年 6 月 20 日　星期一

补配处涂抹原子灰，原子灰中加入与器物残缺部位附近相近的矿物颜料进行涂抹，晾干后打磨平整。

2016 年 6 月 21 日　星期二

1. 用 2%BTA 乙醇溶液浸泡三次器物进行缓蚀处理，每次浸泡 20 秒，等器物干燥后再进行下一次浸泡，浸泡后器物局部出现少许白色结晶。

2.使用 2% 浓度的 B72 丙酮溶液对器物进行表面封护处理。封护涂刷次数以表面成膜情况而定。

3.针对补配部位，用"点泥做锈"的方法，依据器身上的锈蚀布局，使修复的部位达到和原有锈蚀相同效果。

2016 年 6 月 22 日　星期三

1.对保护修复后的锡簋进行称重、测量，使用数码照相机进行照相记录。

2.填写完成锡簋保护修复档案。

　　自评估意见：

　　遵循修旧如旧和最小干预等基本原则，成功地保护了这件锡簋，恢复了它原有的风貌，使其历史、艺术价值得以充分体现。在保护和修复过程中坚持了最少干预的原则，尊重历史、尊重文物原貌。

　　锡簋修复后，达到了展览和库房存放的要求，方便了日后的陈列展览，且在库房或者展厅青铜器保存环境中可以长期存放及展览。

　　建议收藏单位采取文物保存环境控制措施，最佳温度为18℃，适宜相对湿度为38%以下，对保护处理后的器物进行恒温恒湿保存。若条件有限，可将文物置于干燥环境中存放。

附录二
文物保护修复
前后对比照片选录

附录二　文物保护修复前后对比照片

Z213

修复前

修复后

Y229

修复前

修复后

Z2

修复前

修复后

Y270

修复前

修复后

Y277

修复前

修复后

Y286

修复前

修复后

Y292

修复前　　　　　　　　　　　　　　　修复后

Y2258

修复前　　　　　　　　　　　　　　　修复后

Y2716

修复前   修复后

Z214

修复前   修复后

Z426

修复前 修复后

Z136

修复前 修复后

Y2715

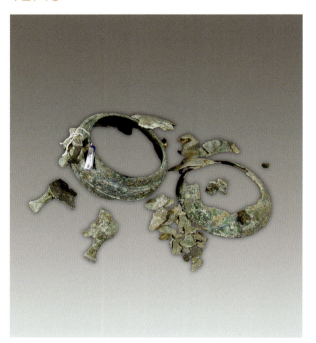

修复前　　　　　　　　　　　　修复后

Y2723

修复前　　　　　　　　　　　　修复后

Y107

修复前　　　　　　　　　　　　　　　　　修复后

Y286

修复前　　　　　　　　　　　　　　　　　修复后

Y272

修复前

修复后

Y273

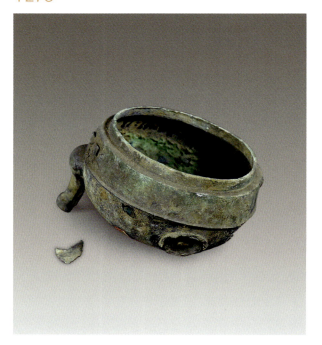

修复前

修复后

Y274

修复前　　　　　　　　　　　　　　　　　　修复后

Z216

修复前　　　　　　　　　　　　　　　　　　修复后

Y283

修复前

修复后

Z613

修复前

修复后

Y293

修复前　　　　　　　　　　　　　　修复后

Y257

修复前　　　　　　　　　　　　　　修复后

Y2714

修复前

修复后

Z610

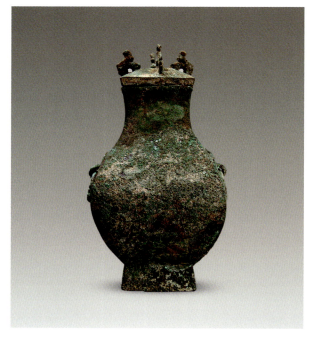

修复前

修复后

Y2717

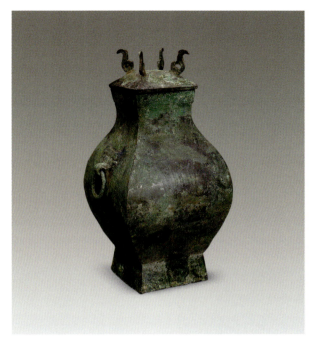

修复前　　　　　　　　　　　　　　　　　修复后

Y265

修复前　　　　　　　　　　　　　　　　　修复后

Y266

修复前　　　　　　　　　　　　　　　　　修复后

Y268

修复前　　　　　　　　　　　　　　　　　修复后

Y261

修复前

修复后

Y262

修复前

修复后

Y278

修复前

修复后

Z421

修复前

修复后

Z516

修复前 　　　　　　　　　　　　　修复后

Z610

修复前 　　　　　　　　　　　　　修复后

Y259

修复前　　　　　　　　　　　　　　　修复后

Y258

修复前　　　　　　　　　　　　　　　修复后

Z267

修复前

修复后

Z467

修复前

修复后

Y260

修复前　　　　　　　　　　　修复后

Y244

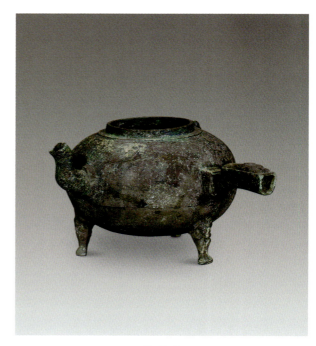

修复前　　　　　　　　　　　修复后

Z8

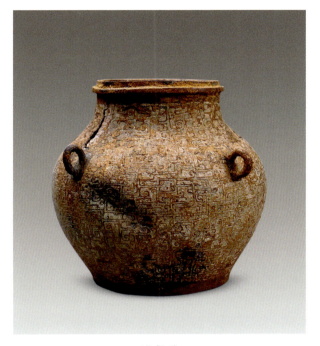

修复前

修复后

Y271

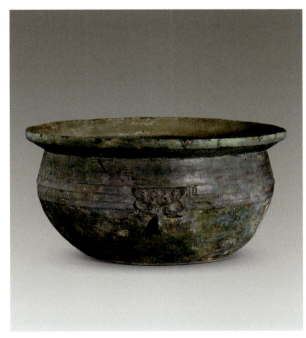

修复前

修复后

Z233

修复前 修复后

Y256

修复前 修复后

Y2258

 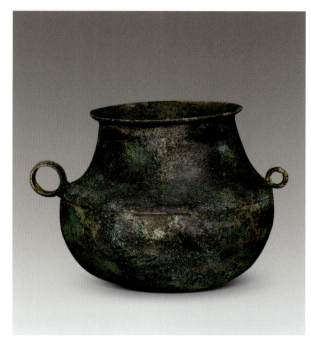

修复前 修复后

Y245

修复前 修复后

Y263

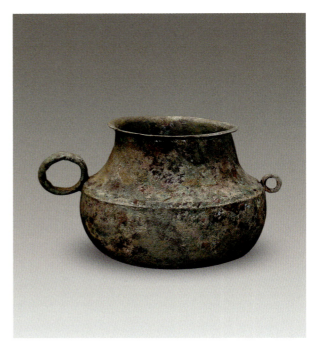

修复前

修复后

Y295

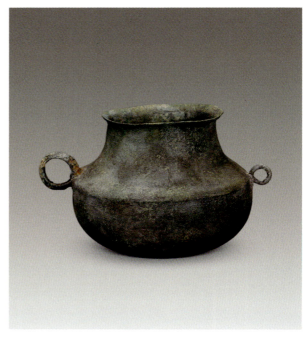

修复前

修复后

Y281

修复前

修复后

Y282

修复前

修复后

Y247

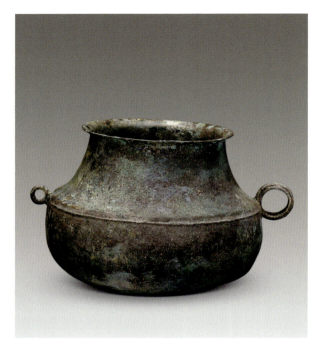

修复前　　　　　　　　　　　　　　修复后

Y287

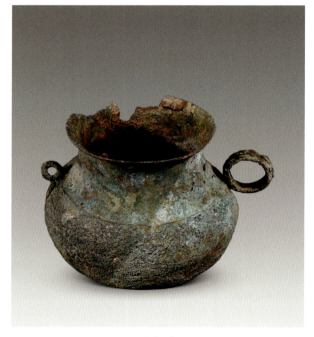
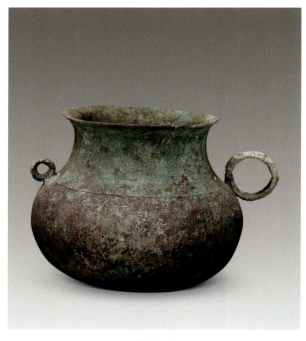

修复前　　　　　　　　　　　　　　修复后

Z319

修复前

修复后

Z229

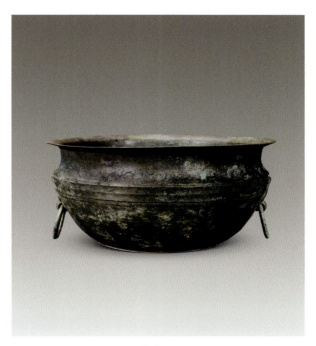

修复前

修复后

Y240

修复前

修复后

Y267

修复前

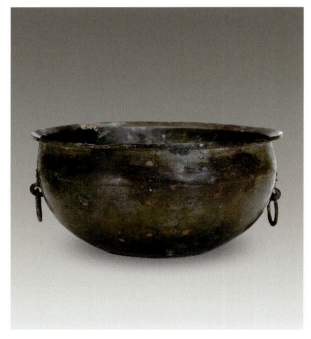

修复后

Y243

修复前

修复后

Y288

修复前

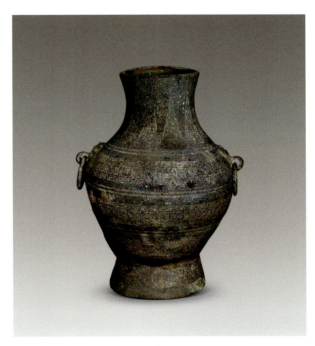

修复后

Y624

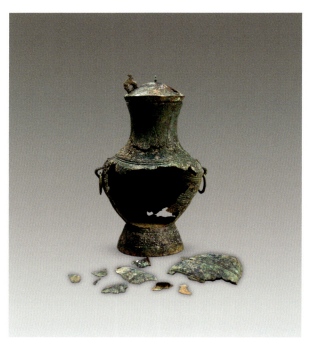

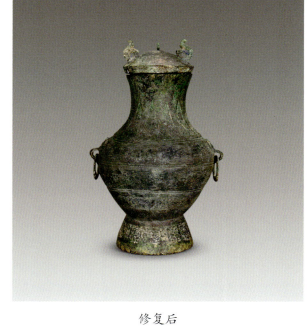

修复前　　　　　　　　　　　　　　修复后

Z465

修复前　　　　　　　　　　　　　　修复后

Z15

修复前

修复后

Y289

修复前

修复后

Y236

Z468

修复前   修复后

Y276

修复前　　　　　　　　　　　　　　修复后

Y2722

修复前　　　　　　　　　　　　　　修复后

Z472

修复前　　　　　　　　　　　　　　修复后

Z606

修复前

修复后

Z422

修复前

修复后

Y231

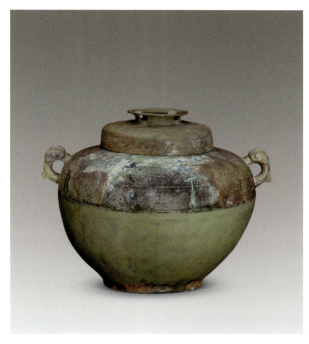

修复前

修复后

Z424

修复前

修复后

Y217

修复前　　　　　　　　　　　　　　　　修复后

Z60

修复前　　　　　　　　　　　　　　　　修复后

Z236

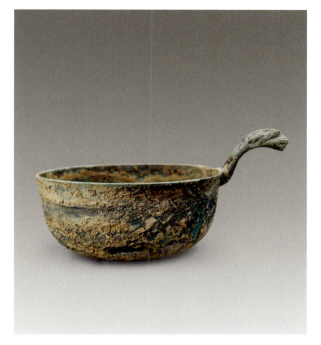

修复前

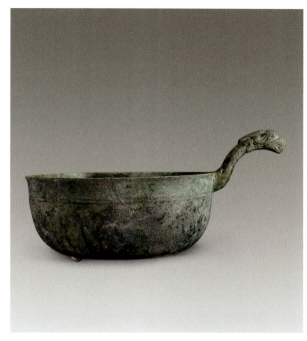

修复后

Y235

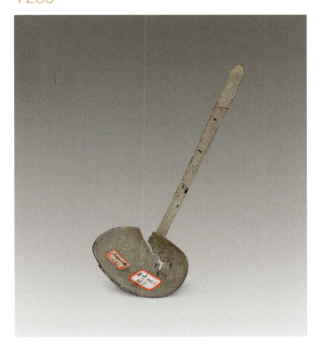

修复前

修复后

Z22

修复前　　　　　　　　　　　　　　　修复后

Y285

修复前　　　　　　　　　　　　　　　修复后

Y237

修复前　　　　　　　　　　　　　　　修复后

Y284

修复前

修复后

Y241

修复前

修复后

Y290

修复前

修复后

Z208

修复前

修复后

Y232

修复前

修复后

Z130

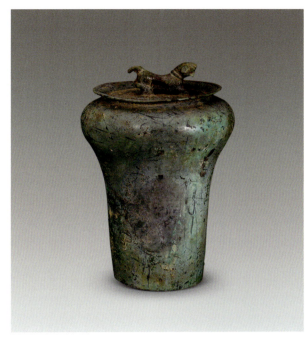

修复前

修复后

Z11

修复前

修复后

Y882

修复前

修复后

Y47

修复前

修复后

Y48

修复前

修复后

Y775

修复前　　　　　　　　　　　　　　　　　　修复后

Z62-1

修复前　　　　　　　　　　　　　　　　　　修复后

Z61

修复前　　　　　　　　　　　　　　　　　　修复后

Y177

修复前

修复后

Z250

修复前

修复后

Z451

修复前

修复后

Y95

修复前

修复后

Y700

修复前

修复后

Y719

修复前

修复后

Y722

修复前

修复后

Y725

修复前　　　　　　　　　　　　　　　　修复后

Y730

修复前　　　　　　　　　　　　　　　　修复后

Y462

修复前   修复后

Y886

修复前   修复后

Y743

修复前   修复后

Z515

修复前   修复后

Y727

修复前

修复后

Y728

修复前

修复后

Y729

修复前

修复后

Y720

修复前

修复后

Y705

修复前

修复后

Y716

修复前

修复后

Z2713

修复前 修复后

Y699

修复前 修复后

Y698

修复前   修复后

Y737

修复前   修复后

Z105

修复前

修复后

Y726

修复前

修复后

Z225

修复前

修复后

Z458

修复前

修复后

Y693

修复前 修复后

Y718

修复前 修复后

Y749

修复前

修复后

Y2711

修复前

修复后

Y701

修复前

修复后

Y703

修复前

修复后

Y717

修复前　　　　　　　　　　　　　　　修复后

Y739

修复前　　　　　　　　　　　　　　　修复后

Y736

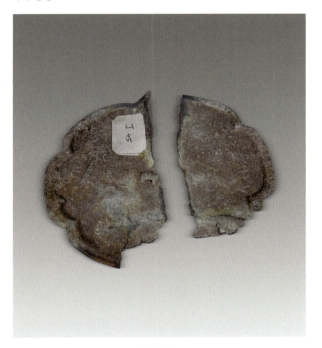 

修复前 修复后

Y735

修复前 修复后

Z270

修复前

修复后

Y733

修复前

修复后

Y732

修复前

修复后

Y731

修复前

修复后

Y713

修复前

修复后

Y715

修复前

修复后

Y118

修复前　　　　　　　　　　　　　　　　　　修复后

Y2012

修复前　　　　　　　　　　　　　　　　　　修复后

Z147

修复前　　　　　　　　　　　　　　　　　　修复后

Z195

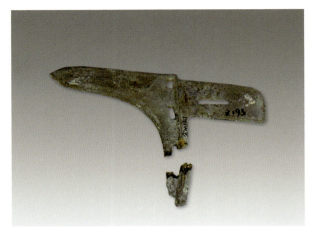 

修复前　　　　　　　　　　　　　　　修复后

Z548

修复前　　　　　　　　　　　　　　　修复后

Y2436

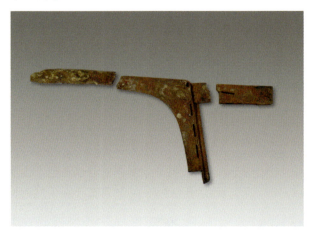 

修复前　　　　　　　　　　　　　　　修复后

Y2441

修复前

修复后

Y2447

修复前

修复后

Y859

修复前

修复后

Y885

修复前

修复后

Y824

修复前

修复后

Y826

修复前

修复后

Y2432

修复前   修复后

Z600

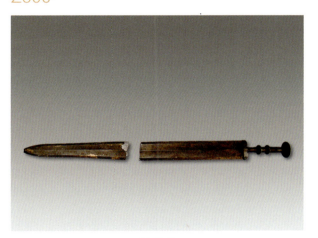 

修复前   修复后

Y2005

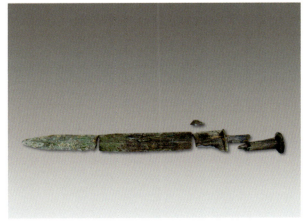 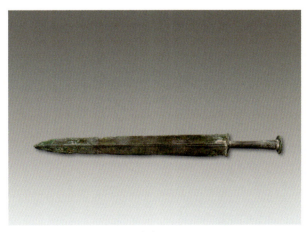

修复前   修复后

Y2011

修复前

修复后

Y2056

修复前

修复后

Y2057

修复前

修复后

Y2059

修复前　　　　　　　　　　　　　　修复后

Y2063

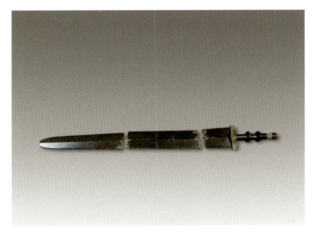
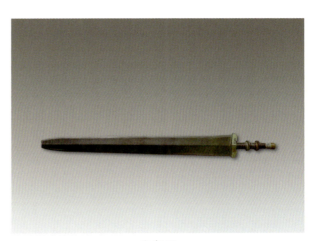

修复前　　　　　　　　　　　　　　修复后

Y2064

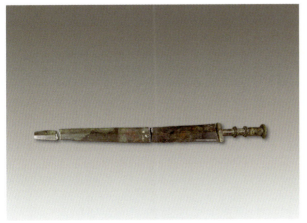

修复前　　　　　　　　　　　　　　修复后

Y2435

修复前

修复后

Y144

修复前

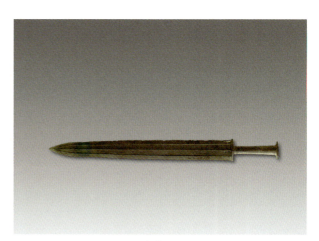

修复后

Z175

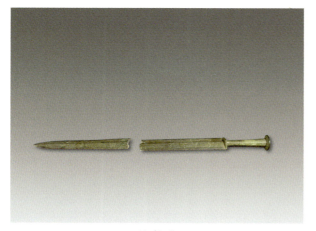

修复前

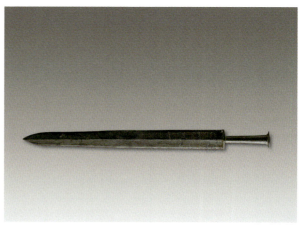

修复后

Z600

修复前　　　　　　　　　　　　　　　　修复后

Y2006

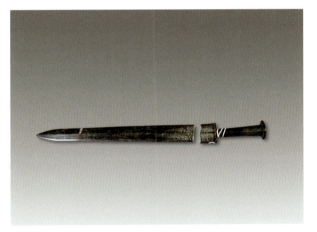

修复前　　　　　　　　　　　　　　　　修复后

Y65

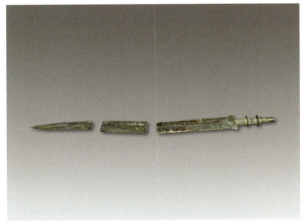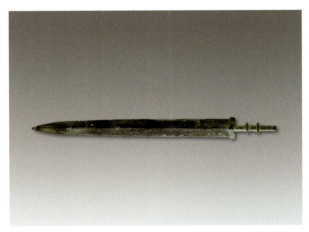

修复前　　　　　　　　　　　　　　　　修复后

Y239

修复前

修复后

Z19

修复前

修复后

Z219

修复前

修复后

Y2461

修复前

修复后

Y2467

修复前

修复后

Y2469

修复前

修复后

Y2727

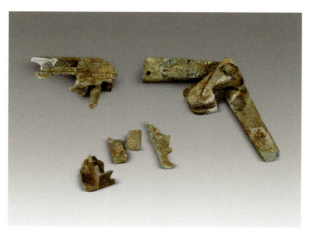

修复前

修复后

Y864

修复前

修复后

Y907

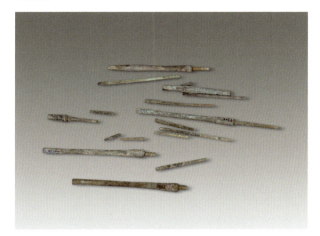

修复前

修复后

Y197

修复前

修复后

Y909

修复前

修复后

Y861

修复前

修复后

Y863

修复前

修复后

Y193

修复前

修复后

Y874

修复前

修复后

Y875

修复前

修复后

Y787

修复前

修复后

Y2728

修复前

修复后

Y2718

修复前 修复后

Y2731

修复前 修复后

Z26

修复前 修复后

Y251

修复前

修复后

Y252

修复前

修复后